JN074534

独立する公認会計士のための税理士実務100の心得

公認会計士・税理士
森 智幸
MORI Tomoyuki
【著】

中央経済社

は じ め に

　本書は，主に独立開業を目指す公認会計士を対象として，公認会計士が税務を行う上で間違いやすい点や勘違いしやすい点について紹介するものです。

　監査法人に勤務してきた公認会計士が独立開業する場合，多くの公認会計士が税理士登録を申請し，税理士となります。しかしながら，そのような税理士登録をする公認会計士のほとんどは，会計事務所や税理士法人での税務の経験がありません。そのため，このような公認会計士は，いきなり未経験のまま，税務に携わることになります。

　しかし，税務と会計監査は異なります。税務は税法に基づいて行いますので，非常に厳格です。会計監査の感覚で税務を行うと，場合によっては大失敗に至ることもあります。

　そこで，本書では，独立開業を目指す公認会計士が税務で失敗をしないように，あらかじめ知っておくとよいと考えられる実務の100のポイントを「登録・開業編」，「税理士法・綱紀編」，「税務編」，「クライアント編」の4章に分けて，1論点につき見開き2ページで説明しました。

　全体の流れとしては，公認会計士が監査法人を退職後，税理士登録を目指すところから始まり，税理士登録後，さまざまな業務を経験して成長していくイメージとなっています。

　各論点の冒頭には，先輩と後輩の会話文を掲げ，その論点のイメージとポイントをつかめるようにしました。さらに，本文では，監査法人に勤務してきた公認会計士に身についてしまっている考え方や習慣，やってしまいがちなことを，なるべく多く取り上げた上で，税務での注意点やポイントを解説しました。

　本書が，独立開業を目指す公認会計士やすでに税務に携わっている公認会計士の方々の参考になりましたら幸いです。

2023年2月

森　　智　幸

目　次

第III章　税務編　　　　　　　　　　　　　　77

登 場 人 物

甲斐　桂士（かい　けいし）28歳

大手監査法人の東京オフィスに公認会計士として6年在籍した後，新橋で独立開業。独立開業は公認会計士を志した時からの目標だったが，税理士の業務内容は知らない。何でも「できます」と言ってしまう積極的な性格。

瀬井　里士（せい　さとし）45歳

15年前に大手監査法人を退職して独立開業した公認会計士・税理士。甲斐とは同じ監査法人の出身で，先輩にあたる。税務では何をしたら失敗するのかを熟知している。甲斐が独立するにあたって相談にのっている。

法令等の略称

税理士法	法
税理士法施行令	施行令
税理士法施行規則	施行規則
「税理士法基本通達の制定について」（法令解釈通達）	基通
「税理士等・税理士法人に対する懲戒処分等の考え方」 （平成20年3月31日財務省告示第104号）	告示
国税庁「税理士制度のQ&A」	税理士Q&A
国税庁「税理士法違反行為Q&A」	違反行為Q&A
租税特別措置法	措置法
会社計算規則	計規
所得税基本通達	所基通
法人税基本通達	法基通
国税庁「消費税の仕入税額控除制度における適格請求書 等保存方式に関するQ&A」	インボイスQ&A

※本書は2023年5月時点の法令・制度に基づいています。

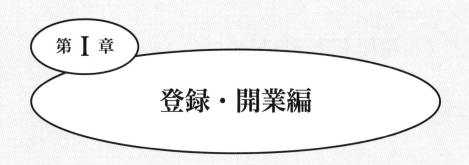

第 I 章

登録・開業編

　第 I 章では，公認会計士が税理士登録をするときと事務所を開業する
ときの注意点について説明します。

　公認会計士と税理士は別の資格です。「税理士の登録も公認会計士の
登録のときとだいたい同じだろう」と思って登録手続をすると，思わぬ
指摘を受けて，税理士登録までに時間がかかってしまう可能性がありま
す。

　また，事務所の開業についても，あらかじめ知っておかないと，思わ
ぬコストがかかってしまうことがあります。

　そこで，実際の事例や私の経験などに基づき，公認会計士が独立開業
するにあたって間違いやすいケースを紹介します。

① 税理士登録は早めに

甲斐 監査法人を退職して独立開業することにしました。税理士登録については，まだ税務を始める気はないので，しばらく経ってからにしようと思っています。

瀬井 個人的には，特段の理由がなければ，税理士登録は早めにしておくほうがいいと思うよ。登録審査では，税理士としてふさわしくない人を登録させないように気をつけているんだ。退職してから期間が空くと，その間の業務や生活について問われる可能性があるよ。

(1) 公認会計士登録との違い

公認会計士は，公認会計士登録を経験しているので，税理士登録も同じ要領で進められると思っている方もいらっしゃるかもしれません。

しかしながら，公認会計士と税理士は違う資格ですし，所属する団体も異なります。そのため，登録申請の方法も異なる面があります。

提出する書類も異なりますが，税理士登録申請と公認会計士登録申請の大きな違いの１つは，各単位会において登録面接が行われるという点です。これは，登録調査委員会に所属する税理士が，登録申請を行った税理士有資格者に実際に対面して面接を行うというものです。

公認会計士が税理士登録を行う場合も，この登録面接をクリアする必要があります。もっとも，登録面接は採用面接のように選別するための面接ではありませんので，多くの方は特に問題なく終了します。しかし，中には，ここがハードルになる方もいらっしゃいます。

(2)　監査法人退職後から期間が空くと……

　税理士登録においては，税理士としてふさわしくない者に対して税理士資格を付与しないよう，厳重なチェックが行われています。

　たとえば，登録申請時に提出する資料の中には「直近2年分の確定申告書の控のコピー」があります。

　確定申告書を提出しなければならない理由は，近畿税理士会「税理士登録申請の手引き」（以下「登録申請の手引き」といいます）に，「非違行為や租税回避的行為が無いか等，適正な申告納税を行っているか確認するためのもの」と記載されています。また，「場合により，疎明資料の提出をお願いする場合があります」とも記載されています（法24条3号，4号参照）。

　このように，税理士登録においては，申請する税理士有資格者の過去の行為について調べられます。

　そのため，監査法人退職後，税理士登録申請まで長い期間が空いた場合は，その期間内の確定申告書を提出することになります。確定申告書の提出目的は，上記のとおり，適正な申告納税を行っているかどうかを確認することにありますが，この点を登録面接で問われる可能性が高くなります。同時に，登録面接では，その期間に税理士でないにもかかわらず税理士業務を行っていないかどうかの確認も行われる可能性があります。

(3)　監査法人退職直後の申請なら

　一方，監査法人退職後すぐに登録申請を行う場合，多くの公認会計士は確定申告を行っていないため，確定申告書の控のコピーではなく「所得証明書」を提出することになります（なお，給与所得のほか，原稿料，講師料などの雑所得がある公認会計士は，確定申告書を提出することとなります）。

　監査法人での勤務の場合であれば，非違行為や租税回避的行為について念入りに問われる可能性は低いと想定されるので，登録面接は，退職後期間が空いた場合と比較するとスムーズに進む可能性が高いと思います。

② 登録前に「税理士」を名乗らない

 開業にあたって「甲斐公認会計士・税理士事務所」の名刺の見本を
甲斐 作ってみました。こんな感じでどうでしょうか？

瀬井 税理士登録が決定するまでは「税理士」を名乗ってはダメだよ。ま
だ名刺には「税理士」の名称は入れないでね。

(1) 登録決定までは「税理士」ではない

公認会計士は税理士になる資格を有しますが（法3条1項4号），税理士
登録を申請して登録が決定するまでの間は「税理士」ではありません。した
がって，絶対に，税務を行ったり「税理士」を名乗ったりしてはいけません。

これに違反すると，税理士法に定める税理士業務の制限（法52条），名称
の使用制限（法53条）に抵触するおそれがあるので十分注意する必要があり
ます。

(2) 行ってはいけない行為の例

ここでは，「登録申請の手引き」に基づいて，税理士登録の前に行っては
いけない行為の具体例を紹介します。

① 税理士業務

税理士業務，税理士業務の受託や予約を行ってはなりません。

「受託」と「予約」も含まれることに注意する必要があります。

たとえば，税務の依頼を受けたときに，「今は税理士登録が決定していな
いので税務はできませんが，2ヶ月後には税理士登録できると思うので，そ
れ以降にご依頼の業務を承ります」といった行為は不可ということになりま
す。

②　名刺，あいさつ状，ホームページ，SNSでの名称使用

名刺，あいさつ状等の印刷物やホームページ，SNS等に，「税理士」の名称や税理士と誤認されうる表現を使用してはいけません。

名刺については，肩書はもちろん，事務所名にも「税理士」の名称を入れないようにする必要があります。あいさつ状についても同様です。

事務所ホームページ，ブログ，SNSでの発言でも，あたかも税理士であるかのような表現を用いないようにする必要があります。

なお，「登録申請の手引き」には，「「税理士となる資格を有する者」を表示する場合には，「税理士有資格者」ではなく，「税理士試験合格者」「税理士試験免除者」「税理士となる資格を有する者」と表示してください」という注意書きが記載されています。

公認会計士の場合は，「税理士となる資格を有する者」となります。「税理士有資格者」という表現は不可なので注意する必要があります。

③　事務所の看板での名称使用

税理士事務所の予定地等に「税理士」の看板を掲げてはいけません。看板には，エントランスの案内板，郵便受けの表示も含まれると解されます。

④　NTT電話帳での名称使用

NTT電話帳（タウンページ等）への掲載も行わないようにする必要があります。近年は電話帳の利用は少なくなっていますが，インターネット上の類似ページへの掲載についても注意しましょう。

⑶　他人が作成する印刷物等にも注意

印刷物，ウェブサイトについては，自分ではなく他人が作成する場合にも注意を払う必要があります。

たとえば，セミナーやイベントで講師をする際，主催者が作成する案内パンフレットや案内サイトに，主催者が「公認会計士・税理士」と記載してしまう可能性があります。主催者にはあらかじめ「税理士」の文字を入れないよう釘を刺しておくとよいでしょう。

③ 登録前の税務相談は無料でもやらない

> 🧑 知人から，事業用建物の修繕費の損金算入の可否について相談を受
> 甲斐 けました。税理士登録の決定はまだですが，無料だったら相談に
> 乗ってもいいですよね？
>
> 🧑 税理士でない人は，税務相談を含む「税理士業務」を無料で行った
> 瀬井 場合も税理士法違反になるから，まだ相談には応じないでね。

(1) 税理士の業務とは

　税理士でない者が「税理士業務」を行うと，税理士法違反となります（法
52条）。ここで「税理士業務」とは，次の3つを指します（法2条1項柱書，
1号～3号）。

---

　① 税務代理

　② 税務書類の作成

　③ 税務相談

　「税理士業務」というと，税理士が行う仕事ということで，何となくイ
メージはあると思いますが，法令上はこの3つとなります。

(2) 無料の場合も含まれる

　この税理士業務は，税理士ではない者が行うと，有料の場合はもちろん，
無料の場合も税理士法違反となります。

　この点は税理士法基本通達2－1に，税理士業務について「反復継続して
行い，又は反復継続して行う意思をもって行うことをいい，必ずしも有償で

あることを要しないものとし，……」と定められています。すなわち，「必ずしも有償であることを要しない」とされていることから，税理士業務は無償の場合も含まれることになります。

　そのため，税理士でない者は無料であっても，①税務代理，②税務書類の作成，③税務相談の３つを行うことはできません。

　したがって，公認会計士は，税理士登録の決定前に，これらの業務は絶対に行ってはなりません。

(3)　税務相談とは

　税務相談とは，税務官公署に対する申告等，税務官公署に対してする主張もしくは陳述または申告書等の作成に関し，租税の課税標準等の計算に関する事項について相談に応ずることをいいます（法２条１項３号）。

　このうち，「相談に応ずる」とは，具体的な質問に対して答弁し，指示しまたは意見を表明することを指します（基通２－６）。

　以上は法令上の説明なので難しい言い回しとなっていますが，要は，税金計算などに関わる個別的，具体的な相談が「税務相談」に該当するといえます。

　会計監査では，法人税や消費税について触れる機会があり，中には法人税等や消費税等の監査や税効果会計の監査の経験がある方もいると思います。このような公認会計士は，会計監査において，クライアントとの間や監査チーム内で税法について話す機会が多いこともあり，税法について話したり，回答したりすることに特に違和感がないという方もいるかもしれません。

　しかしながら，無料であっても，税法や税金計算に関する個別的，具体的な相談に対して回答することは，税理士法に抵触することになりますので，税理士登録が決定するまでは応じないようにする必要があります。これは，口頭の場合のほか，メールやメッセージアプリであっても同様です。

　また，ホームページ，ブログ，SNSにおいても，税務相談に応じたと思われるような発言は行わないように注意する必要があります。

④ 事務所の住所は公開される

甲斐 税理士事務所を，自宅にするか賃貸オフィスにするか迷っています。自宅にする場合の注意点はありますか？

瀬井 税理士は一般の人に向けても事務所の住所が開示されるんだ。だから自宅を事務所にすると，自宅の住所が開示されてしまうので，その点は注意だね。

(1) 公認会計士事務所の開示との相違点

　税理士事務所の開示は，日本税理士会連合会（以下「日税連」といいます）のホームページの「税理士情報検索サイト」で行われています。

　公認会計士事務所の開示との相違点の１つに，税理士事務所の場合は，一般の人に対しても，事務所の住所が市区町村以下まですべて開示されるという点があります。

　公認会計士事務所の場合は，日本公認会計士協会のホームページの「公認会計士等検索システム」で開示が行われています。一般向けの検索結果には，事務所に関しては「事務所名」と「所在地」が示されますが，この「所在地」は都道府県名と市区町村名のみです。たとえば，「東京都大田区」といった具合に表示されます。

　一方，「税理士情報検索サイト」では，「事務所の所在地」として，事務所の住所が市区町村以下まですべて開示されます。たとえば，「東京都千代田区神田神保町○－○－○　△△マンション□号室」といった具合です。

　これは，税理士事務所の住所を一般の人に対しても公開することで，いわゆる「ニセ税理士」を排除する趣旨と考えられます。

　そのため，もし自宅で開業する場合は，公認会計士の場合と異なり，自宅

の住所が「税理士情報検索サイト」で開示されることになるので，この点を十分に理解しておく必要があります。

(2)　非開示申請制度はない

　公認会計士の場合は，「生命又は身体に危険が及ぶおそれがあること」など相当の理由がある場合は「公認会計士等登録事項の非開示に関する申請書」を提出することができます。

　しかしながら，税理士の場合は，現時点では，このような非開示申請制度の存在について確認できません（「税理士情報検索サイト」では「公開情報」と「任意公開情報」の区分があり，「任意公開情報」は税理士本人の登録により設定が可能です）。

　したがって，自宅で開業した場合，登録後に自宅住所を非開示とすることはかなり難しいと想定されます。このような相違点も念頭に置いておく必要があります。

(3)　公認会計士事務所と税理士事務所の住所

　「登録申請の手引き」では「他士業に登録している者の税理士事務所設置等に関する注意事項」が記載されています。

　これによると，たとえば，主たる事務所を独立した公認会計士事務所として登録している場合は，「主たる事務所と同一場所に税理士事務所を設置する」とされています。税理士の登録申請時には「公認会計士登録証明書」を提出しますので，この場合は「公認会計士登録証明書」に記載された住所と税理士事務所の住所が一致する必要があるということになります。

　税理士事務所や税理士法人に勤務している公認会計士が，所属税理士として登録するときは，「公認会計士登録証明書」に記載されている事務所の所在地は，勤務している税理士事務所や税理士法人の住所となりますので，この点で問題になることはありませんが，監査法人から独立開業する場合は，事務所の住所について注意する必要があります。

⑤ オフィスの様式には決まりがある

甲斐 事務所は賃貸オフィスにすることにしました。監査法人のようなフリースペースのオフィスは，賃料が安くていいなと思っています。

瀬井 残念ながら，いわゆるコワーキングスペースには税理士事務所を設置できないんだ。開業するときは，オフィスの様式にも注意する必要があるよ。

(1) コワーキングスペースタイプの事務所は不可

多くの監査法人では，スタッフが使用する部屋は，各人の席が決まっていないフリースペース型となっています。そんなフリースペース型の部屋で業務を行うことに慣れている公認会計士には，自分の事務所はいわゆるコワーキングスペースがいいと思う方もいらっしゃるかもしれません。

しかしながら，オフィス環境を他者と共有するコワーキングスペースには税理士事務所を設置できません。理由は，税理士事務所として適当でないためです。また，バーチャルオフィスのような住所貸事務所等の実体のない場所にも税理士事務所は設置できません（「登録申請の手引き」）。

コワーキングスペースは賃料が安い点がメリットですが，監査法人と同じようなオフィス環境で働くことはできませんので，注意する必要があります。

(2) レンタルオフィスの注意点

一方，レンタルオフィスについては，税理士事務所を設置することは可能です。

もちろん，このレンタルオフィスは，実際に存在するリアルのオフィスである必要があり，前述のようなバーチャルオフィス等のような実体がないオ

フィスには，税理士事務所は設置できません。

　また，レンタルオフィスには，個室タイプとコワーキングスペースタイプが併存しているケースがあります。しかしながら，こちらも前述のように，コワーキングスペースタイプは税理士事務所として適当ではないため，レンタルオフィスを借りる場合は，個室タイプのオフィスを選択する必要があります。

　加えて，「登録申請の手引き」によると，「同一事務所内に別の税理士や企業等が存在している場合は，守秘義務違反の誘因とならないように独立した空間を確保する等の措置をとり，顧客の資料等が当該事務所等の関係者以外の目に触れることがないようにしてください」とされています。

　レンタルオフィスは，同じフロアに他の企業等が入居していますし，他の税理士が入居する場合もありますので，守秘義務には注意する必要があります。また，レンタルオフィスは，壁が薄く，話し声が聞こえてしまうことが多いので，電話やオンライン会議を行うときは，発言内容に注意する必要があります。

(3)　セキュリティ面も注意

　このように，レンタルオフィスにも税理士事務所を設置することは可能ですが，レンタルオフィスは，坪単価が高く，さらに参入障壁も低いことから，さまざまな業者が運営しています。

　そのため，レンタルオフィスといってもさまざまなものがありますので，選ぶ際は，事前に複数のレンタルオフィスを見学するなど比較検討するのがよいでしょう。

　レンタルオフィスの選び方の注意点の1つとして，セキュリティ面の確保が挙げられます。税務において，セキュリティ面の充実は重要です。防火設備，防犯設備，IT環境，郵便物の受取態勢といった面が充実しているレンタルオフィスを選ぶとよいでしょう。

⑥ 税理士の付随業務を理解する

 独立開業して税務もやろうと考えてみたものの，税務士業務のイ
甲斐 メージがつきません。税務申告書を作成することですか？

 税理士の業務は税務申告書の作成だけではないよ。税務相談，記帳
瀬井 代行，年末調整……と多岐にわたり，いろいろな可能性があるよ。

(1) 税理士の業務は申告書作成だけではない

税理士の仕事というと，税務申告書の作成というイメージがあるかもしれ
ません。しかしながら，税理士の仕事はそれだけではありません。

まず，税理士法では，税務代理，税務書類の作成，税務相談の３つが掲げ
られています（法２条１項）。これらは税理士の独占業務であり，税務申告
書の作成は２つ目の税務書類の作成に当たります。

また，税理士は，この独占業務に付随して，財務書類の作成，会計帳簿の
記帳の代行なども行うことができます（法２条２項）。これらは付随業務と
呼ばれることがあります。

(2) よく見られる税理士の付随業務の例

ここでは，一般によく見られる税理士の付随業務を簡単に説明します。

① 記帳代行

クライアントの振替伝票，総勘定元帳，試算表を作成する業務です。

クライアントから証憑類を受け取り，税理士が自分で仕訳を作成するケー
スや，クライアントが作成した振替伝票や日計表などに基づいて会計ソフト
に入力するケースがあります。近年は，FinTechの発達により，オンライン
上で自動仕訳のチェックや仕訳の追加入力を行うケースもあります。

② 決算書の作成

　税理士が決算を組み，決算書（貸借対照表など）を作成する業務です。

③ 年末調整

　1年間に源泉徴収をした所得税および復興特別所得税の合計額と，1年間に納めるべき所得税および復興特別所得税の額を一致させる手続です。

④ 源泉徴収票，源泉徴収高計算書の作成

　年末調整で計算した源泉所得税等に基づいた源泉徴収票を役員や従業員のために作成する業務です。

⑤ 法定調書の作成・提出

　一定額以上の源泉徴収票や報酬等の支払調書などの法定調書を作成し，所轄の税務署に提出する業務です。法定調書合計表の作成も行います。

(3)　広まる税理士への期待

　税理士には，税務以外の業務も期待されています。以下は，税理士資格がなくてもできる業務ではありますが，このような業務を行っている税理士も多数います（日税連「税理士の専門家責任を実現するための100の提案改訂版」（以下「100の提案」といいます）第7章より）。

---

① 会計参与

② 補佐人

③ 成年後見人

④ 登録政治資金監査人

⑤ NPO法人の税務・会計アドバイザー

⑥ 特定調停制度

⑦ 現物出資等における財産価額証明業務

⑧ 裁判外紛争解決手続（ADR）

⑨ 経営革新等支援機関

⑩ 租税教育の講師

---

⑦ 会計・税務ソフトはよく吟味してから

 業務では，会計ソフトや税務ソフトが必要だと思いますが，どれが
甲斐 よいのかわかりません……。

 納税者向けの市販ソフトと会計事務所向けのソフトがあるんだ。ま
瀬井 ずは，どちらを選択するかが重要だね。

(1) 会計ソフト・税務ソフトの大きな分類

独立開業すると，いろいろなソフト会社からダイレクトメールや営業電話が事務所にくるようになります。

監査法人時代に，クライアントが使用している会計ソフトを見たり触れたりしてきた公認会計士は多いと思いますが，上場企業が使用しているような会計ソフトは，中小企業や個人事業者が使うことは少なく，ダイレクトメールや営業電話で初めて知るソフトも少なくないでしょう。

会計ソフトや税務ソフトの分類方法はいろいろとありますが，ここでは，①納税者用の市販ソフトと②会計事務所用のソフトに分けてみます。

まず，①納税者用の市販ソフトは，一般の納税者向けに開発されたソフトです。近年はインストール型とクラウド型があります。クラウド型は保守料がかからず，最新版に自動アップデートできるので，人気が高まっています。

一方，②会計事務所用のソフトは，会計事務所向けに開発されたソフトで，事務所のデータ管理に便利です。

(2) 会計ソフト・税務ソフトの選び方

会計ソフト・税務ソフトの選び方にもいろいろな基準がありますが，1つの方法として，まずそのソフトが，①納税者用の市販ソフトなのか，②会計

事務所用のソフトなのかを知るということがあります。

　②会計事務所用のソフトは，事務所職員やクライアント数がそれなりにある会計事務所向けに開発されています。そのため，事務所管理やクライアント管理には便利ですが，独立開業したばかりの状況では，事務所職員やクライアントの数はかなり少ないことが通常なので，その点を考慮する必要があります。

　また，②会計事務所用のソフトは，上記のとおり，それなりの規模の会計事務所向けなので，月額料金が高めで，付属機能を使用するたびに追加料金が発生する場合があります。そのほか，専用サーバをリースで契約するというケースもあります。このようなリースは，通常，ノンキャンセラブルなので，リース契約終了時まで解約できない点にも留意する必要があります。

　このあたりの仕組みをよく知らずに契約してしまい，「最近，預金額が減っているなと思って調べてみたら，追加料金が自動的に引き落とされていた」という話を聞いたことがあります。契約内容は十分注意する必要があるでしょう。

(3)　会計ソフト・税務ソフトの購入は必須か？

　会計ソフトや税務ソフトの購入は必須かという点については，結論としては「必須」となります。なぜかというと，現代の会計や税務を手作業で行うには極めて時間がかかり，処理を誤るリスクも高くなるためです。

　問題は，開業後のどのタイミングで導入するかですが，まず会計ソフトについては，自分の事業所得用として，開業時点で自分が使いやすいものを導入するとよいでしょう。

　次に税務ソフトは，特に法人税については，毎年新しい年度のバージョンが発売されます。そのため，基本的には，新しいバージョンが出たタイミングで導入するとよいと思います。ただし，クライアントとの契約後，届出書や申請書の提出が発生する場合は，そのタイミングで導入するのがよいでしょう。

⑧ 税理士職業賠償責任保険には加入する

甲斐　税理士職業賠償責任保険の案内がきました。この保険には入ったほうがいいですか？

瀬井　入るべきだね。税理士は損害賠償のリスクがあるんだ。保険は自分の生活や財産を守ることにつながるからね。

(1)　税理士職業賠償責任保険とは

　税理士職業賠償責任保険とは，税理士または税理士法人が税理士資格に基づいて行った業務によって生じた損害賠償事故を保障する保険です。

　保険期間は，毎年7月1日から1年間となっています。年度の途中からでも加入できます。保険料は，事務所の人数と支払限度額によって異なります。

　保険金の対象となるのは，法律上被害者に支払うべき損害賠償金や弁護士報酬などの争訟費用その他一定の費用です。

(2)　損害賠償のリスクは常にある

　税理士職業賠償責任保険は，もちろん保険料がかかりますが，この保険には加入することが望まれます。

　自分で注意していても，うっかりミス，認識不足，認識誤りなどによってクライアントに損害を与えてしまうケースもありえます。そのような場合に，税理士職業賠償責任保険に加入していれば，自分の生活や財産を守ることにつながります。

　「損害賠償請求される可能性なんか低いし，保険料がもったいないので保険には入っていない」という公認会計士・税理士もいますが，事故が起こってからでは手遅れです。「自分は大丈夫」という思いは，非常に危険といえ

ます。

(3)　多いのは消費税

　税務において損害賠償事件が多いのは，消費税に関する事案です。
　「100の提案」の「49.　損害賠償に注意‼」によると，特に多いのは次の3点です。

> • 消費税課税事業者選択届提出の提出失念
> • 消費税簡易課税制度選択届出書の提出失念
> • 消費税簡易課税制度不選択届出書の提出失念

　監査法人で勤務してきた公認会計士の中に，消費税の届出書の提出の実務に携わった方はほとんどいないと思います。そのため，届出書の提出失念による損害賠償といってもピンとこないかもしれません。
　しかし，これらは本来還付されるはずであった消費税が還付されなかった，あるいは，本来納付しなくてもよいはずであった消費税を納付してしまったという結果となるものであり，クライアントである納税者にとって取り返しのつかないことにつながるものです。
　つまり，後からではどのようにしても納税者にはお金が戻ってこないので，ミスをした税理士に損害賠償してもらうというわけです。このような損害賠償は，自分の財産では払いきれないほど多額となるケースもあります。
　また，税理士に要求される義務には，①高度注意義務，②忠実義務，③指導・助言・説明・情報提供義務，④業務補助者に対する指導・監督義務などがあります（「100の提案」49より）。このような義務に対して違反があれば，同様に損害賠償となる可能性があります。
　税務は，クライアントの税金というお金が動く仕事で，常に損害賠償のリスクがある業務ともいえます。万が一のために，税理士職業賠償責任保険にはぜひ加入すべきです。

⑨ 取材商法には乗らない

甲斐　独立開業したら，営業電話が頻繁にかかってくるようになり困っています……。

瀬井　税理士事務所は住所や電話番号が一般公開されるから，それを見て電話してくるんだろうね。中には，悪徳商法や特殊詐欺の電話もあるから注意するほうがいいよ。

(1)　営業電話がかかってくる理由

　独立開業すると，間違いなく営業電話が事務所に頻繁にかかってきます。また，営業電話だけでなく，いろいろなダイレクトメールも届きます。さらに，飛び込み営業をしてくる営業マンもいます。

　独立開業すると，なぜ営業電話がかかってきたり，ダイレクトメールが届いたりするようになるのでしょうか。それは，「4 事務所の住所は公開される」で説明したように，税理士事務所の住所や電話番号が，日税連のホームページで一般の人にも公開されるからです。8万人を超える税理士登録者の中から，どのように新規登録者をピックアップしているのかはわかりませんが，いろいろな名簿が出回っている可能性もあります。

　このように，税理士事務所の住所や電話番号は一般公開されますので，税理士登録の申請を行うとき，特に電話番号については注意しておくことが望まれます。電話番号を自分のプライベートの携帯電話番号にすると，自分の携帯電話に頻繁に営業電話がかかってくることになってしまいます。

(2)　営業電話の種類

　私の場合ですが，営業電話やダイレクトメール等については，次の種類の

ものが多くきます。

① 税理士紹介会社

税理士に顧客を紹介する会社です。紹介会社への登録の勧誘案内がきます。

② 不動産会社

居住用マンションのほか，投資マンションの案内もきます。

③ 人材採用会社

人材採用会社への登録案内や人材採用のための求人広告の掲載案内です。

④ 会計・税務ソフト会社

会計ソフト・税務ソフトの契約の勧誘案内です。飛び込み営業がきたことがありました。

⑤ 動画サイトの制作会社

動画サイトを制作し，検索サイトで上位に掲載させ，集客をアップさせるという案内です。

⑥ 生命保険会社

生命保険の代理店契約の案内です。

(3) 注意すべき取材商法

近年の営業電話やダイレクトメールの中で注意すべきなのは「取材商法」です。

これは「先生のホームページを拝見しました。弊社の雑誌に掲載したいので，先生にインタビューをお願いしたいと思います」と取材を持ちかけ，後日，取材費などと称して料金を請求するというものです。ひと昔前の有名人がインタビュアーとなっている例もあります。

このような「取材商法」は，事業を行っている個人や会社をターゲットにしていることが多いようです。

監査法人勤務時代に，このような営業を受けた方は少ないと思います。独立開業すると，このような営業電話やダイレクトメールがくることが多くなるので，注意が必要です。

⑩ 税理士紹介会社はまず手数料を調べる

甲斐「登録していただければ顧問先を紹介します」という営業電話がありました。これは何でしょうか？

瀬井 税理士紹介会社だね。たしかに顧問先を紹介してくれるけど，契約できたら手数料がかかるんだ。この点を考慮する必要があるね。

⑴ 税理士紹介会社とは

税理士紹介会社とは，税理士に顧問先の候補を紹介してくれる会社です。

この税理士紹介会社から紹介された顧問先候補と契約できれば，年間報酬額の一部を税理士紹介会社に支払うというビジネスモデルです。

具体的な流れとしては，まず，事業内容，年間売上高，所在地，従業員数などの会社や個人の概要，契約したい内容（たとえば，顧問税理士契約を締結したい，スポット契約でお願いしたい，記帳代行もお願いしたい），希望報酬額といった情報が，メールなどで税理士に送られてきます（この時点では，会社名や個人名はオープンになっていません）。

税理士は，この内容を見て，顧問先の候補として関心があれば税理士紹介会社に返信します。そして，返信後に，税理士紹介会社は，その会社または個人に税理士を紹介します。その後，その会社または個人と税理士が面談を行い，契約交渉を行います。

ここで首尾よく契約できれば，税理士紹介会社へ支払う紹介手数料の額が確定します。

⑵ 紹介手数料は高い

この紹介手数料ですが，税理士紹介会社によりけりですが，1年目の年間

報酬額の30％〜70％が相場のようです。もし，報酬額の50％以上を紹介手数料として支払うとなると，自分の取り分は50％に満たないということになります。このように，税理士紹介会社によっては，かなり高額の手数料を支払うケースもあります。

　もし税理士紹介会社と契約する場合は，手数料の割合などについて確認するのがよいでしょう。なお，税理士紹介会社に登録すること自体は，通常は無料ですが，会社によっては有料のところもあるようです。このような点も確認するほうがよいでしょう。

(3)　紹介手数料は前払い

　紹介手数料の支払時期は前払いが多いようです。つまり，初年度の年間報酬額の数十％について，顧問先との契約後すぐに税理士紹介会社に支払うことになります。

　顧問報酬が入ってくる前に資金が出ていくことになりますので，資金繰りに注意する必要があります。

　また，この紹介手数料は，顧問先との契約が年度途中で解約となった場合でも，全額を支払う契約になっている場合が多いようです。年度途中で解約となった場合は，税理士事務所が得た顧問報酬の合計よりも，紹介手数料のほうが多くなる可能性があります。すなわち，キャッシュ・フローはマイナスとなってしまいます。このようなリスクもあることを考えておく必要があります。

　仮に解約に至らない場合であっても，たとえば，「契約後数ヶ月は顧問報酬が支払われていたのに，急に支払われなくなった」というケースを聞いたことがあります。顧問先の候補の与信調査もしっかりと行っておく必要があります。

　なお，2023年4月，日税連は会員向けに「周旋に関する事例集」を公表しました。これは税理士紹介会社等の利用に関する指針となるよう，事例とともに留意点と対策を記載したものです。こちらもぜひお読みください。

⑪ HP・SNSには制約がある

甲斐　自分の事務所のホームページやSNSを開設しようと思っています。税理士として注意すべき点はありますか？

瀬井　登録前は「税理士」を名乗らないことだね。登録後は，虚偽広告や誇大広告とならないように気をつけることかな。炎上しないようにすることももちろん必要だよ。

(1)　税理士の場合は注意が必要

　公認会計士の場合は，「倫理規則に関するQ&A（実務ガイダンス）」Q115-1-1に「広告」として，公認会計士が行う広告に関する職業倫理の説明があるぐらいで，あとは監査法人内でホームページやSNSの運営についての注意事項があるといったところではないかと思います。そのため，ホームページやSNSに関する規制について注意を払う機会は少ないかもしれません。

　しかしながら，税理士の場合は，ホームページやSNSも税理士会における業務広告の規制を受けることになりますので，開設にあたっては注意する必要があります。

(2)　登録前の注意点

　税理士登録前においては，「税理士」の名称および税理士と誤認されうる表現を使用しないようにする必要があります（「登録申請の手引き」参照）。これは「*2* 登録前に「税理士」を名乗らない」で説明したとおりです。

　この点は，ホームページやSNSを専門業者に依頼して作成する場合にも注意が必要です。

　依頼時には，業者に対して「税理士」等の名称を入れないよう，念押しし

ておくほうがよいでしょう。一般には「公認会計士」と「税理士」の違いは
よく知られていませんので、業者によっては「「公認会計士」として作成し
てください」と伝えても、勘違いで「税理士」の名称を入れてしまう可能性
もあります。通常は、公開する前にドラフトの校正依頼が入り、そこで
チェックできるので、このあたりは注意する必要があります。

　また、税理士登録が完了するまでは、税理士ではありません。ホームペー
ジやSNSで税務について言及するのは避けるほうがよいでしょう。税務署や
税理士会がホームページやSNSを見ている可能性もありますので、登録前は、
疑われる可能性のあることは行わないほうがよいと思います。

(3)　登録後の注意点

　税理士登録が完了すれば、晴れて税理士となりますので、税務について取
り上げることができます。同時に、ホームページやSNSも広告に該当します
ので、税理士会が定める業務広告規制を受けることになります。

　業務広告規制については「*24* 業務広告には多くの制限がある」で詳しく
説明しますが、虚偽広告や誇大広告は当然禁止されます。また、信用や品位
を損なうおそれのある広告も禁止です。

　また、業務広告規制だけでなく、著作権、名誉毀損、プライバシーの侵害、
個人情報といった点にも十分注意する必要があります。写真や動画の掲載、
リツイート、リポストもトラブルの原因となることがあるので注意が必要で
す。

　SNSに力を入れている公認会計士の場合、「いいね」の数や再生回数、
フォロワーの数が気になるかもしれません。これらの数が少ないと、注意を
引きたいために過激なタイトル付けや発言をしてしまいたくなるかもしれま
せん。しかし、信用や品位を損なうおそれのある広告は禁止されています。

　そもそも、近年の傾向として、注目度が上がると何かと反論したり、誹謗
中傷したりするユーザーも増えてきます。業務以外のところで、時間と神経
を使うのはもったいないということを認識しておくべきでしょう。

⑫ 事務作業の見通しを立てる

甲斐　独立開業後は，事務作業を1人で行わないといけないので不安です。うまくやっていけるものでしょうか？

瀬井　たしかに，監査法人で経験した事務作業だけでは，独立開業後，対応するのは難しいかもしれないね。まずは，どんな事務作業があるのかを知っておくといいよ。

(1)　監査法人時代の事務作業

　監査法人では，スタッフ時代に，ある程度の事務作業を行うケースはあると思います。たとえば，残高確認状の封筒詰め，紙資料のスキャンあたりでしょうか。ひと昔前は，紙の監査調書が主流だったため，コピー取り，監査調書ファイルの整理，往査先への荷物の発送といった作業がありました。

　しかしながら，監査法人時代の事務作業の経験だけでは，独立開業後の事務に対応するのは難しいのが現実です。そこで，前もってどのような事務作業が必要となるのかを知っておくと有用です。

(2)　独立開業後の事務作業

①　契約関係

　契約書のほか，機密保持契約書，個人情報の提供に関する同意書を作成するケースもあります。紙で作成する場合には，通常は袋とじにし，署名または記名押印，割印，契印，消印（収入印紙が必要な場合）が必要です。

　なお，近年は電子契約という形態もあります。

②　請求関係

　請求書の作成が必要です。紙で作成する場合は角印を押印します。

　口座振替の場合は，振替期日までに請求金額や請求内容を入力する必要があります。

③　郵送関係

　見積書や請求書を郵送する場合は，封筒に「見積書在中」，「請求書在中」といった記載やスタンプを押すことが一般的です。契約書のような重要書類は，書留，簡易書留，レターパックプラスで郵送します。書留，簡易書留の場合は郵便局に行く必要があります。

　宛先を手書きして郵送する場合，字がきれいな方はよいですが，そうではない方は，ラベルシールを作成することになります。

④　経費関係

　家賃，水道光熱費などの経費の振込みも毎月発生します。口座振替やクレジットカード払いもありますが，振込みという会社もあります。振込みの場合，金融機関のATMに行くか，ネットバンクからの振込みとなります。

⑤　帳簿の作成

　事業所得が発生しますので，帳簿の作成が必要です。証憑類も整理する必要があります。

(3)　パート職員を雇用すると……

　事務作業の例として①〜⑤を挙げてみましたが，難しい作業ではないものの，いざやってみると何かと時間がかかります。

　このような事務作業に時間をとられたくない，あるいは事務作業が苦手だという場合は，パート職員を採用することも考えられます。

　ただし，パート職員を採用すると，当然のことながら給料が発生します。売上がまだそれほど立っていない時期にパート職員を採用すると，給料の原資は自己資金や借入金となりますので，資金繰りに十分注意する必要があります。

　独立開業にあたっては，事務作業を自分で行うか，それともパート職員を雇うか，このあたりも考慮する必要があるでしょう。

⑬ 関連組織の集まりには積極的に参加する

甲斐　税理士会，支部などいろいろなところから会合の案内がくるようになりました。このような会には出席したほうがいいんですか？

瀬井　一概には言えないけど，出席することでいろいろな実務の情報を得られることもあって有意義だよ。知り合いがいたら，まず事前に聞いてみて紹介してもらうといいよ。

(1)　税理士会・支部の仕組み

公認会計士の場合は，日本公認会計士協会本部があり，支部として各地域に16の地域会があります。

税理士の場合も，日本税理士会連合会（日税連）があり，全国に15の税理士会があります。これは原則として，国税局の管轄区域ごとに設けられています。東京国税局の管轄区域については東京税理士会，東京地方税理士会，千葉県税理士会が，名古屋国税局の管轄区域については名古屋税理士会，東海税理士会があります。

さらに，税理士会には，各地域の税理士会の下部組織として支部があります。支部は原則として1つの税務署の管轄区域ごとに設置されています。

公認会計士が税理士登録をすると，事務所所在地に基づいて，各地域にある税理士会と支部に所属することになります。

こうして，税理士の場合，通常の会員は税理士会の活動と支部の活動があります。具体的には，税理士会，支部ごとに研修会，総会，懇親会，委員会などがあり，各税理士会や各支部で活動内容に特色があります。

まとめると，次の表となります。

	公認会計士	税理士
上部組織	日本公認会計士協会本部	日本税理士会連合会
下部組織	地域会	各地域の税理士会 （原則として国税局の管轄区域ごと）
		支　部 （原則として税務署の管轄区域ごと）

(2)　同業者団体

　税理士会や支部は，税理士法に基づいた公式な組織ですが，これとは別に，税理士による任意の同業者団体も存在します。志や目的，出身母体などによっていろいろな団体があり，このような団体も地域ごとに存在します。

　独立開業後はこのような同業者団体からも，入会の案内や総会・懇親会等の案内がくるので，戸惑うことが多いと思います。

　同業者団体の例として，私も所属している一般社団法人研友会を挙げてみたいと思います。

　研友会は，税理士資格を持つ公認会計士の集まりです。会員資格は近畿税理士会に所属する50歳以下の公認会計士・税理士で，近畿地区の任意の同業者団体となります。この研友会では，税務研修会や懇親会などを開催しています。このような活動を通して，税務の実務の注意点や最新情報を得られることが多々あります。

　もちろん，研友会はあやしい団体ではありませんが，同会の組織部が新しく税理士登録された公認会計士の方に入会案内を送ったり，勧誘の電話をかけたりしても反応が芳しくないことがあるようです。

　たしかに，見ず知らずの団体からの案内に警戒心を抱いてしまうのは無理もないと思います。しかしながら，入会することで有意義なこともあるので，まず，公認会計士の知り合いに評判を聞いてみるといいでしょう。

⑭ 他士業との交流を広げる

 異業種交流会に参加してきましたが，いろいろな士業の人と名刺交換しました。弁護士以外にもいろいろな士業があるんですね。

 税務では，弁護士の他にも，社会保険労務士，司法書士，不動産鑑定士などと一緒に業務をすることが多いよ。それぞれの士業の業務を知っておくと税務も進めやすくなるよ。

⑴　監査法人時代とは異なる幅広い士業や専門家との交流

　一般的に，監査法人時代は，公認会計士以外の士業や専門家と関わる機会はあまり多くないと思われます。

　あるとすると，監査手続の1つである「専門家の業務の利用」において，監査人の利用する専門家として，ITの専門家，不動産鑑定士，税理士，年金数理人などと関わる機会はありますが，監査なので深く関わるわけではありません。その他では，法律問題が発生したときに相談する弁護士といったところでしょうか。

　このように，監査法人時代は，他の士業と交流する機会はあまり多くありませんが，独立開業して税務を行うと，多くの士業と関わる機会が増えてきます。それぞれの士業の業務内容を知ることは，自身の業務の幅を広げ，業務の効率化にもつながることになります。

⑵　税務で関わる主な士業

①　社会保険労務士

　社会保険労務士は，労働社会保険手続などを行っています。クライアントから社会保険や年金の相談を受けた場合などには，社会保険労務士に相談し

ます。

② 司法書士

司法書士は，登記や供託手続の代理，法務局または地方法務局に提出する書類の作成などを行っています。役員の登記，株主総会議事録や取締役会議事録などの書類に関する事項，会社設立時の書類などについて，司法書士に依頼したり，質問したりします。

③ 弁護士

クライアントの法律問題が発生したときには弁護士に相談することになります。事業承継，事業再生，会社の解散・清算，相続問題などで弁護士に相談したり，あるいは共同で対応したりします。

④ 不動産鑑定士

不動産鑑定士は，土地や建物といった不動産の鑑定評価などを行っています。相続時の土地や建物の評価額の鑑定は，不動産鑑定士に依頼することが多くなります。

⑤ 中小企業診断士

中小企業診断士は，中小企業の経営の診断や経営に関する助言を行う専門家です。事業再生や事業承継などで共同作業をする機会があります。

(3)　ワンストップサービス

近年は，大型の税理士法人を中心に，このような士業をグループ内で抱えることで，ワンストップのサービスを行うところが増えています。クライアント側も，各分野で別々の士業事務所と契約するよりも，ワンストップサービスをできる会計事務所を求めています。そのほうが業務スピードが早く，コストも抑えられるからです。

税理士は，会計，税務だけではなく，労務問題，法律問題，財産管理など総合的なアドバイザーとして期待されています。そのため，会計，税務以外の諸問題に対して，早く正確に回答できるよう，普段から他の士業との交流を深めたり，提携したりするとよいでしょう。

⑮ 公認会計士の世界は狭い

中小監査法人で非常勤として業務を行うことになりました。しかし，
甲斐　採用されてから知ったのですが，前職の監査法人の代表社員と今度
の中小監査法人の所長は犬猿の仲だそうです……。

うーん，甲斐さんに罪はないけど，公認会計士の世界は狭いからね。
瀬井　この点は念頭に置いておくほうがいいよ。

(1)　公認会計士の世界は狭い

　公認会計士の数がそれほど多くないためか，公認会計士の世界は非常に狭いと感じます。自分とは別々の知人の公認会計士がさらに別の公認会計士を通じてつながっていたということは珍しくありません。このことは，特に独立開業して，いろいろな公認会計士と知り合いになると感じられると思います。

　それだけに，良い噂も悪い噂もすぐに広がってしまいますので，監査法人在籍中から，真面目に勤務し，人間関係は良好にしておくべきでしょう。

　独立開業後は，日本公認会計士協会の地域会の総会，委員会，懇親会などで，前職の人と顔を合わす機会が多くなります。そこで気まずい雰囲気にならないように，独立開業後も良好な人間関係を保つことが必要です。

(2)　「犬猿の仲」の公認会計士はいる

　独立開業後に，監査法人で非常勤職員として会計監査やアドバイザリーを行う公認会計士は多いと思います。自分が勤めていた監査法人に，改めて非常勤で勤務する場合は，通常は円満退職でしょうから，人間関係については大きく変化はないと思います。

　一方，自分が勤めていた監査法人とは別の監査法人に非常勤職員として勤務する公認会計士も多く見られます。もちろん，すでに退職したのですから，別の監査法人で勤務しても問題はありません。

　しかしながら，冒頭の会話のように，前職の監査法人の代表社員と新しく非常勤で勤務することとなった監査法人の所長が犬猿の仲だったという話は，実際に聞いたことがあります。ある人によると，前職の監査法人の代表社員から「なんであんな監査法人に行ったんだ！」と言われたのだそうです。

　また，ある中小監査法人では，社員に就任することが内定していたにもかかわらず，その監査法人の複数の社員から就任に反対の声が挙がり，社員就任が取消しになったという話もあります。理由は，その就任予定の公認会計士と社員の公認会計士たちとの間に，過去にいろいろとあったからだそうです。

　このような人間関係を事前にキャッチするのは難しいので，「そう言われても……」というところですが，自分が所属する地域会の人間関係を知っておくと選択の判断に役立つことがあります。

(3)　JICPA地域会との交流

　監査法人時代から，公認会計士のもとには定期総会，新年会，懇親会，研修会の案内が各地域会の事務局から届いています。特に大手監査法人に勤務している場合は，おそらく，このような会に自分から積極的に参加する機会は少ないと思います。

　しかし，独立開業後はこのような会にこまめに出席しておくと，次第に知り合いができることもあり，地域会事務局の職員とも顔見知りになってきます。

　また，知り合いが増えると委員会活動に誘われる機会も出てきます。このような委員会の委員になっている公認会計士は，独立開業して税務を行っている人が多いので，委員会活動に参加すれば種々の税務の情報を得られることもあります。委員会活動に誘われたら積極的に参加するとよいでしょう。

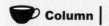 **Column**

想定どおりにいかなくても「人間万事塞翁が馬」

　独立開業は公認会計士にとって夢の1つです。

　この独立開業ですが，自分の想定どおりにはいかないこともあります。私の場合は，独立開業して約半年後に，新型コロナウイルス感染症がまん延したため，事業環境が一変してしまい，従来の業務活動を行うことが困難となってしまいました。

　しかし，「人間万事塞翁が馬」という格言があるとおり，悪いことが起こっても，それが良いことにつながることがあります。

　新型コロナウイルス感染症のまん延により，世界中でデジタル化が進みましたが，私も「コロナ以前は何だったのか」と思うくらい，デジタル化を進めたことで業務のパフォーマンスがかなり上がりました。

　独立開業後は，自分の思いどおりにいかないこともありますが，そんなときは，それを逆手に取って進んでいくのが成功への近道です。

税理士法・綱紀編

第 II 章では，税理士法と綱紀規則の注意点について説明します。

税理士法や綱紀規則は遵守しなければいけません。規定に違反した場合，厳しい処分を受けるおそれがあります。知らなかったでは済まされません。

しかしながら，その内容を知らずに税務を進めてしまっている公認会計士・税理士も少なからず存在します。

そこで，独立開業するにあたって，必ず把握しておく必要がある法律や規則の内容を紹介します。

⑯ ダブルフランチャイズはNG

> 🧑 新橋のオフィスに加えて，杉並区にある自宅を杉並オフィスにする
> 甲斐 つもりです。ダブルフランチャイズ制です。いいアイデアでしょ？
>
> 🧑 それは「２ヶ所事務所」といって税理士法で禁じられているんだ。
> 瀬井 新橋のオフィス１ヶ所のみで活動しないと税理士法違反だよ。

(1) ２ヶ所事務所とは

２ヶ所事務所とは，税理士が２つ以上の事務所を設置している場合をいい，税理士法で禁じられている行為です。

税理士法では，「税理士は，税理士事務所を２以上設けてはならない」とされています（法40条３項）。すなわち，税理士１人につき１税理士事務所に限ることとして，２つ以上の事務所の設置を禁止しています（税理士Q&A問５－３）。その理由は次のとおりです（近畿税理士会「Web税理士法」より）。

① 税理士の業務活動の本拠を１ヶ所に限定することが法律関係を明確にする上で便宜であるため。

② 個人の監督能力を超えて業務範囲を拡大することを事務所の数の面から規制し，これにより税理士以外の者が税理士業務を営むことを防止するため。

なお，２ヶ所事務所の規定に違反した場合は，戒告，２年以内の税理士業務の停止または税理士業務の禁止となります（告示Ⅱ第１の2(9)）。

(2) 「□□分室」，「□□オフィス」は不可

監査法人では，大手・準大手監査法人のみならず，中小監査法人でも地方

事務所を設けているケースは珍しくないため，税理士事務所も複数設けても問題はないと思っている公認会計士は少なくないと思います。そのためか，２ヶ所事務所の禁止を知らずに，税理士法違反行為をしている公認会計士が時々見かけられます。

　よくあるのが，自宅以外の場所に税理士事務所があり，一方で自宅を「○○税理士事務所杉並分室」，「○○税理士事務所杉並オフィス」とウェブサイトなどで表示しているようなケースです。これは，自宅を税理士事務所と誤認されるおそれのある外部表示を行っていることになり，２ヶ所事務所に該当します。なお，外部表示は，看板等の物理的な表示やウェブサイトへの連絡先の掲載のほか，契約書等への連絡先の記載などが含まれるので注意が必要です（税理士Q&A問５－３，基通40－１，40－２）。

(3)　「公認会計士事務所」だったらどうなるのか？

　では，税理士事務所を設けている公認会計士・税理士が，他の場所に「公認会計士事務所」を開設したらどうなるのでしょうか？

　公認会計士法では，２ヶ所事務所の規定は設けられていません。そのため，他の場所に「公認会計士事務所」を設けて，そこでは税務は行わないとすれば，一見すると，大きな問題はなさそうです。

　この件について，ある年配の公認会計士・税理士から話を聞いたことがあります。この方は，昔，隣県に「公認会計士事務所」を開設しました。もちろん，そこでは税務は全く行っていなかったということです。

　しかし，開設後，税理士会の綱紀監察部から呼び出されて，事情を聴かれたそうです。そのため，結局，その隣県の事務所は閉鎖したということです。

　税理士法基本通達40－３においても，税理士事務所の他に公認会計士事務所を有する場合，その事務所が，外部に対する表示に係る客観的事実によって税理士事務所であると認められるときは，２ヶ所事務所の規定に抵触するものとして取り扱うとされています。このように，公認会計士事務所の複数設置は，２ヶ所事務所の疑いをかけられるリスクがあるので注意が必要です。

⑰ 名義貸しは絶対ダメ

甲斐　最近，知り合いからの紹介で個人のお客様が増えてきました。監査バイトで忙しいので，学生アルバイトに税務申告書を作成してもらおうと思っています。もちろん，彼らは税理士ではないですけどね。

瀬井　ちょっと待って。それは「名義貸し」といって税理士法で禁じられている行為だから，絶対にやってはダメだよ。

(1) 名義貸しとは～丸投げする公認会計士は要注意

　名義貸しとは，税理士ではない者に自己の名義を使用させる行為をいいます。

　この名義貸しは税理士法で禁じられており（法37条の2），もし名義貸しを行うと，税理士法に基づいて，非常に重い処分を受けることになります。

　監査法人に勤務する公認会計士は，スタッフに仕事を振ることが多く，仕事を丸投げするクセがついている方も少なからずいます。しかし，その感覚で税務を行い，他人に仕事を丸投げするようなことがあると，人生を台無しにする危険性があります。

(2) 懲戒処分の内容

　名義貸しを行った場合の具体的な懲戒処分は，①税理士業務を停止されている税理士への名義貸しの場合，②非税理士に対する名義貸しの場合ともに，2年以内の税理士業務の停止または税理士業務の禁止です（告示Ⅱ第1の2(2)二，(3)）。

　さらに，罰則も設けられており，名義貸しを行った場合は，2年以下の懲役または100万円以下の罰金となります（法59条1項2号）。

⑶　どのような行為が名義貸しとなるのか

　名義貸しは，気づかないうちに行ってしまう可能性もあります。この点が恐ろしいところです。しかし，税理士である以上，知らなかったでは済まされません。そこで，名義貸しの典型例と注意すべきケースについて説明します（近畿税理士会「綱紀のしおり」（以下「綱紀のしおり」といいます），日税連「名義貸し行為の指標（メルクマール）について」を参考にして作成）。

①　他人に自己の名義を使用させるケース

　甲斐さんのように，他人に税務申告書を作成させるような行為は典型的な名義貸しですが，自分が代表者となっている記帳代行会社に税務申告書の作成を外注する行為も名義貸しとなります。

②　税理士資格のない者から依頼されるケース

　税理士資格を有しない個人または法人が税務申告書を作成し，その個人または法人からの依頼により，税務申告書に署名押印するケースも名義貸しです。この場合，自分で税務申告書の内容を確認したとしても名義貸しとなります。

③　税理士が急逝し，後継者がいないケース

　子息や事務所職員に税理士有資格者がいない会計事務所の所長が急逝するということはありえます。このようなとき，残された子息や事務所職員が税務申告書を作成し署名押印を依頼された場合に，署名押印をしてしまうと名義貸しとなります。

④　給与を支払っているものの形式的と認められるケース

　雇用関係を結んでおり，給与を支払っているものの，それが形式的と認められる場合は名義貸しとなります。コロナ禍により，在宅勤務が増加しましたが，事務所職員が自宅で税務を行い，クライアントの対応もすべてその職員に任せきりにしているような場合は名義貸しとなる可能性があります。在宅勤務を行うことに問題はありませんが，すべてを事務所職員に丸投げするようなことがないよう，注意する必要があります。

18 アウトソーシングはやらない

甲斐　税理士ではない人に税務申告書の作成をアウトソーシングするのは
ダメということはわかりました。では，相手が税理士であればいい
ですよね？

瀬井　税理士であっても，業務懈怠として信用失墜行為の禁止に抵触する
可能性がある。だから，アウトソーシングはするべきではないね。

(1)　業務懈怠とは

　「業務懈怠」とは，委嘱された税理士業務について正当な理由なく怠った
ことをいい，税理士法37条において禁止する信用失墜行為に該当します（違
反行為Q&A問3−13）。業務懈怠をした場合は，戒告または1年以内の税理
士業務の停止となります（告示Ⅱ第1の2(2)ホ）。

　税務申告書の作成を税理士資格のない人に行ってもらう行為は「名義貸
し」となり，税理士法において重い処分が下されることは前項で説明したと
おりです。それならば，アウトソーシング先が税理士資格のある人であれば
「名義貸し」には当たらないし，問題はないだろうと考えてしまう方もいる
かもしれません。

　しかしながら，税務申告書の作成を他の税理士にアウトソーシングする行
為は，業務懈怠となる可能性があります。それは，自分に委嘱された税理士
業務を自分で行わず，他の税理士に行わせていることから，正当な理由なく
怠った可能性があるからです。

　さらに，この場合は情報漏洩を行ったとされる可能性もあり，税理士法38
条に規定する秘密を守る義務に違反する可能性も出てきます（守秘義務の詳
細は，「23 税務でも守秘義務を徹底する」参照）。

(2)　監査法人時代の感覚でいると危険

　繰り返しになりますが，公認会計士は自分の仕事を他の人に振る傾向があります。また，多くの監査法人では，非常勤採用の公認会計士がいます。監査法人で勤務してきた公認会計士には，税務においても他の税理士を非常勤職員として採用し，税務申告書の作成を外注委託しても問題はないと考えてしまう方もいるかもしれません。

　しかしながら，クライアントから委嘱を受けたら，自らが責任をもって業務を行う必要があるのです。

(3)　開業税理士が他の税理士等の業務に従事する場合のルール

　実務では，開業税理士が他の開業税理士や税理士法人の業務に従事するというケースがあります。

　このような場合は，自らの名において税理士業務を行うことはできません。すなわち，署名や調査立会はできません。ただし，共同代理または復代理により税理士業務を行うことができるとされています（「登録申請の手引き」）。

　もし他の税理士と共同で税務を行うのであれば，共同代理または復代理という方法に限られるといえます。

【共同代理（直接委嘱）】

【復代理（特別の委任）】（法31条2号）

（出所）「登録申請の手引き」35頁

⑲ スタッフに仕事を丸投げしない

 将来はスタッフを採用しようと考えていますが，税理士はスタッフ
甲斐 の監督責任があると聞きました。これはどういうことですか？

 「使用人等に対する監督義務」だね。スタッフが何か問題を起こす
瀬井 と，所長税理士が税理士法上の責任を問われる可能性があるから注
意が必要だよ。

(1) 「使用人等に対する監督義務」とは

「使用人等に対する監督義務」とは，税理士は，税理士業務を行うため使
用人その他の従業者を使用するときは，税理士業務の適正な遂行に欠けると
ころのないよう当該使用人その他の従業者を監督しなければならないという
税理士法上の義務です（法41条の2）。

組織のトップが使用人を管理監督するというのは，世の中の会社等では当
然のことですが，税理士の場合は，これが法律に定められた義務であるとい
う点が大きく異なります。

この規定に違反したときは税理士法46条に基づき懲戒処分となります。具
体的には，戒告または1年以内の税理士業務の停止となります（告示Ⅱ第1
の2(6)）。

(2) スタッフに丸投げするとリスクが生じる

公認会計士には，自分の業務を抱えきれなくなるとスタッフに仕事を投げ
るという方が見られます。

しかしながら，この感覚で税務を行うと，スタッフに対する日常の監督が
なされず，ほったらかしになるため，使用人等に対する監督義務違反のリス

クが生じやすくなります。

　使用人等に対する監督義務違反を問われやすいケースは，使用人等が不正行為を行う場合です。

　まず，使用人等の不正行為を所長税理士が認識していなかった場合，内部規律や内部管理体制に不備があること等により所長税理士に相当の責任があると認められるときは，所長税理士が過失によりその不正行為を行ったものとして懲戒処分の対象となります。しかし，そうでない場合も所長税理士の監督が適切でなかったと認められるときは，使用人等に対する監督義務違反として懲戒処分の対象となります（税理士Q&A問6-11）。

　スタッフをほったらかしにすると，所長税理士の目が届かないところで，不正行為を行う可能性もあります。たとえば，スタッフがクライアントから依頼を受け，脱税に加担し謝礼金を受け取っていたという事例があります（日税連「税理士界」1316号9面）。

(3)　重大なミスが発生するリスク

　不正行為は行わなくとも，上司から何も教えられないとスタッフは何をしたらよいかわかりませんし，大量の仕事を振られると業務に十分な時間をかけることができなくなってしまいます。さらに，時間が限られているので，手抜き作業を行う可能性も出てきます。

　このような状況では，たとえば，クライアントが架空仕入れを計上していたり，売上の一部を抜いたりしていても，スタッフは十分な検証を行わず見逃してしまうリスクがあります。

　クライアントがこのような不正行為を行うと，重加算税が課される可能性が出てきます。一方，税理士が不正行為を行っていたことを知らなかったとしても，税理士であれば気づくべきレベルであれば，所長税理士は相当の注意を怠ったとして，税理士法上の問題になる可能性もあるので注意が必要です。

⟨20⟩ テレワークはルールを守る

甲斐　新型コロナウイルス感染症のような病気が大流行するときは，感染防止のために自宅でテレワークをしてもよいのでしょうか？

瀬井　テレワークをすることは問題ないよ。ただし，テレワークの場合も税理士法を遵守する必要があるから，その点は注意してね。

(1) テレワークと2ヶ所事務所

　新型コロナウイルス感染症のまん延により，ビジネスにおいても感染防止のためテレワークが大きく普及することになりました。

　税理士事務所も感染防止のため，テレワークの実施を考えたところが多かったと思われますが，感染拡大当初の2020年2月から3月は，2ヶ所事務所の規定（法40条3項）に抵触することをおそれ，テレワークの実施に躊躇した事務所が少なくなかったようです。

　その後，日税連は2020年4月に「税理士の業務とテレワーク（在宅勤務）」を公表し，自宅が外部に対する表示の有無等の客観的事実により税理士事務所と判断される状態でないなど一定の要件を遵守すれば，テレワークは2ヶ所事務所に当たらないことを明らかにしました。その結果，テレワークに移行する税理士事務所が増えた模様です。

　しかしながら，テレワークを行うことで，新たに次のような問題が出てきたのも事実です。引き続き，税理士法には注意する必要があります。

(2) スタッフがいる場合の注意点

　テレワークを行う場合，特にスタッフがいると税理士法の遵守とスタッフの管理が，より重要となってきます。

①　非税理士行為

　テレワークでは，使用人等に対する監督義務（法41条の2）が重要となる機会が多くなってきます。テレワークになると，事務所で勤務する場合と異なりスタッフが目の前にいる機会が少なくなるため，非税理士行為が行われやすい状況となるからです。

　なお，情報通信技術を利用した使用人等の適切な監督方法として，たとえば，スタッフとクライアントのオンライン会議に税理士も参加する，パソコンのログ履歴を確認するといった方法が考えられます（基通41の2-1）。

②　秘密を守る義務

　スタッフがクライアントの資料等を自宅に持ち帰る場合，使用人等の守秘義務の問題が出てきます（法54条）。この場合，守秘義務を遵守できる保管場所等を確保する必要があります（「税理士の業務とテレワーク（在宅勤務）」A3）。

③　2ヶ所事務所

　税理士が自宅に税理士事務所と判断されるような外部表示などをしてはならないのはもちろんですが，スタッフがクライアントに対して資料の送付先や連絡先をスタッフの自宅住所とし，その住所を名刺などに記載すると2ヶ所事務所となる可能性があります（近畿税理士会「近畿税理士界」674号7面）。

④　メッセージアプリ

　クライアントとのやりとりでメッセージアプリを使用することに問題はありませんが，メッセージアプリの場合，やりとりが大量となる傾向があります。その結果，スタッフがそのすべてを所長税理士に報告できず，所長税理士が，スタッフとクライアントとの間で発生した税務上の論点を把握できない可能性も出てきます。このような場合，使用人等に対する監督義務の問題が生じる可能性が出てきます（近畿税理士会「近畿税理士界」674号7面）。

　そのため，メッセージアプリは，所長税理士が管理権限を持つことができるビジネス用のものを使用するのがよいでしょう。

㉑ 税務でやらかすと会計士法でも処分

甲斐　税理士法の怖さについてはよくわかりました。しかし，この前，ある先輩が「税理士で処分されても公認会計士資格があるから大丈夫だ」と言っていましたが，そうなのですか？

瀬井　それは勘違いだね。税理士法で業務停止処分を受けると，公認会計士法の信用失墜行為となり，こちらでも処分を受けることになるよ。

(1)　公認会計士法上の信用失墜行為

　公認会計士が税理士登録をするときは，通常，公認会計士であることをもって登録します（法3条1項4号）。すなわち，公認会計士資格と税理士資格の両方を持つことになります。

　公認会計士資格は公認会計士法，税理士資格は税理士法に基づきますので，一見すると両者に関連はないように見えます。しかしながら，税理士法において業務停止の懲戒処分を受けた公認会計士・税理士は，公認会計士法における信用失墜行為として，公認会計士法でも懲戒処分を受けることになります（公認会計士法26条）。

　そのため，税理士の業務で問題行為を起こして懲戒処分を受けても，公認会計士の資格があるから大丈夫だ，とはいえません。

　具体的な処分内容については，「公認会計士・監査法人に対する懲戒処分等の考え方（処分基準）について」（金融庁）において定められています。これによると，税理士法違反による業務停止処分が行われた場合，税理士業務停止6ヶ月以上のときは公認会計士の業務停止3ヶ月，税理士業務停止6ヶ月未満のときは公認会計士の業務停止1ヶ月となっています。

　このように，税理士法で業務停止など一定の処分を受けた場合は，公認会

計士の業務についても業務停止処分を受ける可能性があるのです。

(2)　税理士登録を抹消しても不可

　2022年（令和4年）に税理士法が改正され，「懲戒逃れ」をする税理士への対応が強化されました。

　改正前の税理士法では，懲戒処分の対象が「税理士」であったため，懲戒の手続に付すまでの間に登録抹消を行うことで懲戒逃れをする税理士がいました。

　しかし，このような「元税理士」であっても，財務大臣は，税理士であった者につき在職期間中に税理士法違反行為・事実があると認めた場合には，懲戒処分を受けるべきであったことについて決定をすることができるとされました。すなわち，在職中の税理士法違反が疑われる元税理士に対しても，この決定を受けた場合は，懲戒処分と同等の措置を適用するとされました（法48条）。こうして，税理士登録を抹消しても懲戒逃れをすることはできなくなりました。

　この場合も公認会計士法上の信用失墜行為に該当し，公認会計士の業務停止処分を受ける可能性があります。

(3)　処分は忘れた頃にやってくる？

　このように，税理士業務で税理士法違反行為を行い，業務停止処分となると，公認会計士法の信用失墜行為違反として，金融庁からも懲戒処分を受ける可能性があります。

　この金融庁による懲戒処分は，財務大臣の懲戒処分を受けた直後ではなく，数年後といったように比較的あとになってから下される例が多く見られます。

　たとえば，財務諸表監査などの公認会計士の業務を行っているときに，公認会計士の業務停止処分となる可能性もあります。そうなると，所属している監査法人やクライアントにも影響を及ぼすことになりかねません。

　公認会計士の資格があるから大丈夫という考え方は捨てましょう。

㉒ 会計法人の責任は税理士に帰属する

知人から「会社を設立しておけば節税になる」と聞きました。株式
甲斐 会社を設立するかどうか，検討中です。

「会計法人」のことかな？　会社を設立しても法令上は問題ないけ
瀬井 ど，税理士が最終責任を負うようにする必要があるから要注意だよ。

(1)　会計法人とは

　会計法人とは，税理士が設立した会計帳簿の記帳代行などを専門とする会社をいいます。この「会計法人」とは，法令上の用語ではなく一般的な呼び方です。「株式会社○○会計センター」といった名称の株式会社が併設されている税理士事務所を見かけることがあると思いますが，多くの場合，このような株式会社は会計法人です。

　税務代理，税務書類の作成，税務相談は税理士の独占業務ですが，記帳代行などの付随業務は税理士の独占業務ではないことから，税理士の中には，別会社を設立して付随業務をその会社に委託するという人もいます。

　税理士が会計法人を設立・運営すること自体は法令上問題はありませんが，記帳代行などの付随業務は，同じ会計事務所内で税理士業務と一体として行われるため，税理士業務との区分が判然としない面があることから，税理士が主宰する会計法人は，その責任が税理士に帰属する形態であることが求められています（「綱紀のしおり」第3章7）。さらに，「綱紀のしおり」第3章7(1)では，望ましい契約方式，職員の雇用形態，税理士事務所から会計法人に対する支払費用の算定などに関して，税理士が主宰する会計法人の留意点が掲げられており，これらを遵守する必要があります。

(2)　会計法人が税理士法で問題となるケース

このように，会計法人の設立・運営自体は法令上問題とはなりませんが，業務の形態によっては税理士法に抵触する可能性があるので注意が必要です。

①　名義貸しのリスク

会計法人は，税理士事務所または税理士法人ではありませんから，税理士業務を行うことはできません。会計法人が税務申告書を作成すると，税理士業務の制限（法52条）に抵触することになります。たとえば，クライアントの申告書の作成を自己が主宰する会計法人に委託すると，名義貸しに該当することになります（法37条の2）。

②　ニセ税理士行為のリスク

会計法人の職員が税理士ではないにもかかわらず，税務申告書を作成すると税理士業務の制限に抵触します（法52条）。しかし，記帳代行等と税理士業務は同じ会計事務所内で一体として行われることが多く，区分が判然としないことがあるので，この点を明確に区分する必要があります。

なお，近畿税理士会では，会計法人を併設している税理士事務所または税理士事務所に併設されている会計法人に勤務している職員は，税理士登録申請の際，これらの勤務実績を実務経験とする場合，「税理士事務所と会計法人の関係について」という書類を提出する必要があります。登録申請者の雇用上の身分や給与の出どころなどを報告する必要がありますので，税理士を目指すスタッフを採用するときは，そのスタッフが将来，登録申請で問題とならないよう，所長税理士は配慮する必要があります。

③　守秘義務違反のリスク

税理士業務と記帳代行などの付随業務をクライアントと一括契約し，付随業務を会計法人に委託する場合，クライアントの情報が会計法人に流れることになるので，クライアントとの契約において取り決めをしておかないと秘密を守る義務に抵触することになります（法38条）。また，個人情報保護法の問題も生じるので十分な注意が必要です。

㉓ 税務でも守秘義務を徹底する

甲斐　税務申告書のドラフトなどを印刷した紙が大量で処分に困っています。裏紙に使ったり，ゴミ箱に捨てたりするのはまずいですよね？

瀬井　当然だ。税理士にも守秘義務があるからね。クライアント情報が入った書類はシュレッダーや溶解処理で適切に廃棄するようにね。

(1)　税理士にも守秘義務がある

　公認会計士には守秘義務がありますが（監査基準第二 8），税理士にも守秘義務があります（法38条）。また，税理士だけではなく使用人等にも守秘義務があります（法54条）。

　税理士の場合は，税理士法に守秘義務が規定されていますので，守秘義務違反行為を行うと，税理士法に抵触することになり，46条の懲戒事由に該当することになります。具体的には，守秘義務違反の場合は，2 年以内の税理士業務の停止または税理士業務の禁止となります（税理士Q&A問 6 - 24，告示Ⅱ第 1 の 2 (4)）。また，2 年以下の懲役または100万円以下の罰金に処せられる場合があります（法59条 1 項 3 号）。

　通常の監査法人では守秘義務の遵守が徹底されていますが，監査法人を退職すると緊張感がなくなるのか，守秘義務が疎かになる公認会計士を見かけます。

　しかしながら，会計監査のときと同じく税務においても，クライアントは税理士を信頼して個人や会社の情報を渡しています。このような情報を他に漏らしたり，窃用したりすると，クライアントに損害を与えるだけでなく，税理士全体の信用を落とすことにつながりかねません。税理士業務においても守秘義務の遵守は徹底する必要があるのです。

(2) 守秘義務違反の例

クライアントに関する情報を口外したり，インターネット上で発信したりすることは論外ですが，次の行為も税理士法における守秘義務違反に問われる可能性があります。

① 裏紙の使用

総勘定元帳などのクライアント情報が入った印刷物を複合機の裏紙に使用する，証憑ファイルの台紙にする，事務所のメモ用紙にするといった行為は，守秘義務違反に問われる可能性があります。

② ゴミ箱に捨てる

同じくクライアント情報が入った印刷物をそのままゴミ箱に捨てる行為は，守秘義務違反に問われる可能性があります。

③ 誤送信

税理士法38条および54条における「他に漏らす」とは，積極的な意味だけではなく，結果として漏れることも含まれ，たとえば，メールやファクシミリの誤送信も含まれるとされています（「100の提案」「38. お客様の秘密を守る（守秘義務）」）。

(3) 書類の廃棄方法

書類の廃棄方法には，①シュレッダーによる方法と②溶解処理による方法があります。独立開業にあたっては，どちらかの仕組みを用意することが望まれます。

シュレッダーは，紙を細かく裁断できる業務用のシュレッダーがよいでしょう。

溶解処理は，業者が書類を回収し，工場で溶解したのちリサイクルするというものです。業者でないと開けることができない専用のボックスがあり，回収袋は施錠して運搬してくれる業者がよいでしょう。業者の選定においても注意が必要です。

24 業務広告には多くの制限がある

 甲斐 クライアント獲得のために，今後は広告活動にも力を入れていこうと思っています。

 瀬井 広告を行うことには法令上の問題はないけど，禁止されている広告もあるんだ。綱紀規則に抵触しないよう，事前に知っておこう。

(1) 業務の広告

　税理士も業務の広告は原則として自由にできます。業務広告については，税理士法の規制は受けず，各税理士会が定める会則や綱紀規則に従うことになります。

　監査法人に勤務している公認会計士は，通常，自身の広告を行う機会は滅多にありません。また，公認会計士における広告の制限は倫理規則R115.2,「倫理規則に関するQ&A（実務ガイダンス）」Q115-1-1で定められていますが，あまり読んだことがないのではないでしょうか。そのため，広告ルールについて意識する機会は少ないのではないかと思います。

　税理士の広告ルールは，禁止されている広告，表示してはいけない広告事項など多岐にわたっており，公認会計士の倫理規則等と比べると，ルールが多くなっています。そのため，これらの広告ルールをあらかじめ知っておかないと，自分では悪気がなくても，思わぬところで綱紀規則違反となってしまうリスクもあるので注意が必要です。

(2) 業務広告のルール

　近畿税理士会では「会員の業務の広告に関する規程」において，業務広告の具体的なルールが定められています。他の税理士会においても内容は同じ

と思われます。

　規程では，①禁止される広告，②表示できない広告事項，③有価物等の供与の禁止，④第三者の抵触広告に対する関与の禁止，⑤広告する税理士等の表示，⑥広告であることの表示及び承諾のない電子メール等による広告の禁止の6分野に分けられ，さらに各分野の中で種類が示されています。

　広告を行う前には，このような規程などに目を通し，具体例を理解しておくことが望まれます（注：税理士会によって資料は異なります）。

(3)　ホームページやSNSも注意

　広告には，口頭，書面の他に電磁的方法が含まれますので，ホームページやSNSにも注意する必要があります。

　たとえば，「綱紀のしおり」第3章6では，禁止される広告のうち「困惑させ，又は過度な不安をあおる広告」の例として，「今の税理士で本当に大丈夫ですか？」という文言が掲げられています。このような文言は，一般の広告でよく見られるため，広告ルールを知らないと使用してしまう可能性があるので注意が必要です。

　また，動画サイトのタイトルの中には，広告ルールに抵触するリスクがあるようなものも見受けられます。SNSを運営している人にとって，エンゲージメント率は高くしたいところですが，税理士という立場である以上，信用や品位を損なうような広告は慎む必要があります。

(4)　セミナー案内なども注意

　上記⑥「広告であることの表示及び承諾のない電子メール等による広告の禁止」では，面識のない者に対して直接配布する広告物や電子メール等の広告についてもルールが定められています。たとえば，封筒の外側または広告物の表側もしくは最初の部分には「広告資料」，「事務所案内」といった表示をする必要があります。

　セミナー案内やダイレクトメールを郵送する場合も，注意が必要です。

㉕ 営業は業務侵害にならないように

 クライアント獲得のためには，実際に動くことも重要だと思います。
甲斐 飛び込み営業もやってみようと思っています。

 営業を行うこと自体は税理士法には抵触しないけど，やり方によっ
瀬井 ては綱紀規則の「業務侵害」に当たる場合もありうるんだ。だから，
慎重にやったほうがいいよ。

(1) 業務侵害とは

　近畿税理士会の「綱紀規則」には，27条で「業務侵害行為の禁止」が定め
られています（注：他の税理士会の綱紀規則も同様の内容と思われます）。

　これは，税理士は，直接・間接を問わず，他の税理士または税理士法人の
業務を不当または不公正な方法によって侵害するような行為をしてはならな
いとするものです。たとえば，他の税理士または税理士法人を誹謗，中傷す
るなどして，自分と契約するように勧誘するような行為を禁じています。

(2) 営業で綱紀規則に違反するおそれ

　現在の税理士制度において，税理士が営業を行うことは，税理士法や税理
士会の綱紀規則で禁じられてはいません（かつては，税理士法において，税
理士が営業を行うことが禁じられていました）。しかしながら，営業のやり
方によっては，綱紀規則に抵触する可能性があります。

　公認会計士の世界では，倫理規則や「倫理規則に関するQ&A（実務ガイ
ダンス）」などに，業務侵害に相当する規定は設けられていません。そのた
め，監査法人で勤務してきた公認会計士は，営業が業務侵害に抵触する可能
性があると聞くと驚くかもしれません。

　しかしながら，他の税理士または税理士法人を誹謗，中傷してクライアントを奪う行為はもちろん，見込み客に積極的に働きかけて，自分に乗り換えることを提案する行為も，業務侵害となる可能性があるので十分な注意が必要です。

(3)　クライアントを奪うような営業はNG

　綱紀規則には「不当又は不公正な方法によって侵害するような行為をしてはならない」と規定されていますが，広告ルールのような具体例は示されていません。そのため，具体的にどこまでが「不当又は不公正な方法」なのかを判断することはなかなか難しいところです。

　自分としては「不当又は不公正な方法」と思っていなくても，他の税理士から見て「不当又は不公正な方法」と思われると，紛争の火種となる可能性があるので十分注意する必要があります。

　たとえば，すでに顧問税理士がいる個人や会社を訪問し，顧問報酬について「弊事務所だったら○○万円で引き受けますよ」と提案する行為は，業務侵害に当たる可能性があります。他の業界と異なり，税理士の世界でこのようなことを言うと「不当又は不公正な方法」と判断されるリスクがあるのです。

　また，同じく，すでに顧問税理士がいる個人や会社に対して，「弊事務所は△△業務が優れています。弊事務所とご契約いただくほうがよいと思いますよ」，「今の税理士事務所は，□□について説明していますか？　説明されていないのでしたら，かなりまずいですよ」といったように，その顧問税理士の事務所よりも優れていることをアピールして，顧問契約を乗り換えることを勧める行為も業務侵害に当たるリスクがあります。そもそも，このような行為は比較広告に該当しますので，広告ルールにも抵触することになります。

　監査法人をはじめ他の業界で見られるような，クライアントを奪うような営業は業務侵害に当たる可能性が高いので，十分注意しましょう。

㉖ 会費を滞納しない

🙂 税理士会や支部から会費の請求がきています。日本公認会計士協会
甲斐 の会費と合わせると，それなりの金額になりますね……。

🙂 監査法人に勤務しているときは，日本公認会計士協会の会費は監査
瀬井 法人が負担してくれるから，自分が会費を支払うという感覚がなか
なかないんだよね。でも，会費の支払いは重要だから，資金繰りに
は注意すべきだね。

(1) 税理士会の会費

　税理士は，所属する税理士会と支部の会費を支払う必要があります。また，公認会計士は，日本公認会計士協会と地域会の会費も支払う必要があります。

　監査法人に勤務していた公認会計士の場合は，通常，日本公認会計士協会と地域会の会費は，監査法人が負担しています。そのため，自分の会費であるにもかかわらず，会費を支払っているという感覚がない方が多いのが現状です。

　しかしながら，独立開業すると，日本公認会計士協会と地域会の会費に加えて，所属する税理士会と支部の会費も自分で支払うことになります。そのため，独立開業するにあたっては，これらの会費の年間総額と支払時期をあらかじめ知っておくとよいでしょう。

　会費の額は，所属する税理士会や支部によって異なりますが，私が所属する近畿税理士会を例にとると，おおむね以下のとおりです（金額は2023年4月現在）。

会費の例（近畿税理士会所属の場合）

資格名	税理士	公認会計士
所　属	近畿税理士会	日本公認会計士協会
会費の種類	①　近畿税理士会の会費 　　年額82,800円 ②　支部会費 　支部によって異なる（最高額は年額36,000円（「登録申請の手引き」より））	①　普通会費 　　年額72,000円 ②　地域会会費 　地域会によって異なる（年額42,000円〜54,000円）
支払回数	原則として年1回	年2回（1回につき6ヶ月分をまとめて請求）
支払時期	4月30日まで	4月と10月

(2)　滞納すると懲戒処分も

　公認会計士と税理士の両方に登録すると，所属する会によって異なりますが，合計するとおおむね24万円前後といったところではないかと思います。

　税理士会の会費は，当然のことながら期日までに支払わないといけません。会費を納めない税理士は，各税理士会の会則上の懲戒処分の対象となります。

　また，税理士が所属する税理士会（県連合会と支部を含みます）の会費を正当な理由なく長期にわたり滞納した場合，信用失墜行為に該当します（法37条）。さらに，税理士が会費を滞納した場合は税理士法46条の懲戒事由に該当します。この場合の懲戒処分の量定は戒告となります（税理士Q&A問6－21，告示Ⅱ第1の2(2)）。

　このように，会費の滞納は税理士法の懲戒事由にもなる可能性があるため，注意する必要があります。

(3)　口座振替を利用すると便利

　うっかりして会費の支払いを忘れた場合でも，すぐに納めれば大きな問題にはなりませんが，それでもうっかりミスは避けたいものです。会費の支払漏れを防ぐには，口座振替を利用するとよいでしょう。

研修は受講しなくていいわけがない

 税理士の研修36時間は，公認会計士のCPD40単位と合わせると大変です。努力義務なので受講しなくてもいいんですよね？

 それはダメだよ。研修の受講義務を達成できなければ会則違反だ。それに，研修を受けないで，どうやって実務に対応するんだい？

(1) 税理士の研修受講義務

　税理士会は，会則と研修規則で，会員である税理士は年間36時間以上の研修を受けなければならないと定めています。また，この税理士の研修受講義務は，税理士会の綱紀規則においても定められています。

　ただし，この研修受講義務は，現行では努力義務となっています。

　日本公認会計士協会の継続的専門能力開発制度（CPD※）の場合，必須科目を含む年間40単位以上の研修を受講しなければなりません。この義務を履行しない場合は，日本公認会計士協会からは退会勧告などの懲戒処分が，金融庁からは公認会計士法に基づいて，業務停止や戒告の懲戒処分が課される場合があります。実際に，日本公認会計士協会と金融庁から，受講義務を達成しなかった公認会計士に対して懲戒処分が出ています。

　そのため，研修受講義務を達成しないと，公認会計士としての業務ができなくなるおそれもあることから，ほとんどの会員はCPD40単位をクリアしています。

　これに対して，前述のとおり，税理士の研修受講義務は努力義務なので，受講義務の達成率は80％弱にとどまっています（近畿税理士会の場合）。

　しかしながら，税理士の研修受講義務は会則に定められていることから，受講義務を達成しない場合は，会則違反となります。

⑵　税法は毎年変わる

　法人税法，所得税法，租税特別措置法をはじめ，税法は毎年改正されます。そのため，毎年その改正内容を把握しないと，十分な実務を行うことはできません。

　改正内容については，国税庁のホームページに説明文書が公開されますが，税法を独学で学ぶとなると，なかなか大変です。それだけでなく，税法は落とし穴が多く，誤った理解をしてしまうリスクがあります。この点，研修を受講すれば，税法のポイントや誤りやすい論点を学ぶことができます。

　特に，独立開業したばかりの公認会計士の場合は，税務の経験が浅いので，研修を受講して知識の修得に力を入れる必要があります。税務は訴訟リスクがあり，理解が不十分だと現場で事故を起こすことにもなりかねないのです。

⑶　研修受講実績は公開される

　日本公認会計士協会のCPD履修状況はホームページで一般にも公開されていますが，日税連のホームページでも同様に，研修受講義務の履行等に関する情報が公開されています。

　クライアントや見込み客は，このページで税理士が研修受講義務を達成しているかどうかを見ることができます。もし，研修受講義務を達成していない場合，たとえば，クライアントの役員の中から「この税理士は，受講義務を守っていないが大丈夫なのか？」という疑義が出される可能性があります。また，見込み客も税理士を比較検討する際に，受講義務未達成の税理士についてはマイナス点をつけるかもしれません。

　このように，税理士の研修受講義務の達成状況も，一般に公開されているので，積極的に受講することをオススメします。

※2023年4月から継続的専門研修制度（CPE制度）は継続的専門能力開発制度（CPD制度）となりました。

(28) 自己脱税は論外

甲斐 税理士が脱税をして逮捕されたというニュースを時々目にします。こんな税理士がいるのかと驚きです……。

瀬井 税理士の自己脱税は，税理士法の信用失墜行為に該当するからね。懲戒処分となる可能性があるよ。

(1) 自己脱税は信用失墜行為に該当

　税金の専門家である税理士が自分の所得について脱税することは論外です。

　このように税理士の自己の申告について不正所得金額等があることを「自己脱税」といいます（税理士Q&A問6-16）。この場合の「自己」には，税理士が代表者である法人または実質的に支配していると認められる法人を含みます。したがって，自分が運営している会計法人やその他の事業会社の法人税や消費税に関する脱税も対象となります。

　もし税理士が自己脱税を行うと，税理士法における信用失墜行為（法37条）となります。これは，税理士法46条に定める懲戒事由に該当します。具体的には，不正所得の金額等に応じて，2年以内の税理士業務の停止または税理士業務の禁止となります（告示II第1の2(2)イ）。

　さらに，「*21* 税務でやらかすと会計士法でも処分」でも説明したように，税理士法における懲戒処分を受けて，税理士業務の停止となった公認会計士・税理士は，その後，公認会計士法においても信用失墜行為として公認会計士の業務停止処分を受ける可能性があります。そもそも，公認会計士法においても自己脱税は信用失墜行為であり，刑事訴追の対象となった場合は不正所得に応じて業務停止1ヶ月または3ヶ月の懲戒処分となります（金融庁「公認会計士・監査法人に対する懲戒処分等の考え方（処分基準）について」）。

⑵　自己脱税の例

　自己脱税の実例はさまざまですが，税理士Q&A問6-16では，税理士本人の所得税，消費税，相続税について自己脱税をした場合や税理士本人が代表者である法人の法人税について自己脱税をした場合が紹介されています。

　⑴は，税理士本人が売上の一部を除外し，自分の所得税と消費税の確定申告にあたり所得金額等を不正に圧縮して申告したケースです。また，⑵は，税理士が相続により取得した現金を国外の金融機関に預け入れて隠蔽し相続財産から除外し，課税価格を不正に圧縮して申告したケースです。

　これらは税理士本人の自己脱税ですが，注意すべきは⑶のケースです。これは，税理士が代表者である法人が架空の役員報酬を計上し，所得金額を不正に圧縮して申告したケースです。税理士と法人は別人格ですが，自身が代表者の法人において脱税した場合も，税理士の自己脱税に該当するのです。

⑶　公認会計士と確定申告

　近年，確定申告を行っている公認会計士が税理士登録を行うとき，事業所得が赤字で源泉所得税の還付を受けている場合，税理士登録がスムーズにいかなくなる傾向があるようです。理由は定かではありませんが，公認会計士は税理士の登録審査において，若干厳しく見られているようです。

　一般的に，公認会計士は会計事務所での税務経験がありません。そのため，必要経費の範囲を把握しておらず，業務に必要ない生活費まで必要経費として計上している公認会計士も少なからずいるようです。故意の場合は論外ですが，必要経費と認められないものを本人が誤って計上している場合もあるので注意が必要です。

　「1 税理士登録は早めに」で説明したように，確定申告を行っている公認会計士は，税理士登録の際，「直近2年分の確定申告書の控のコピー」の提出を求められます。自己脱税は論外ですが，非違行為，租税回避的行為と疑われるような申告納税は行わないようにしましょう。

㉙ 情報セキュリティは監査時代の意識で

甲斐　知人からきたメールのアドレスがちょっとおかしいです……。

瀬井　それはフィッシングメールの可能性があるね。そのメールにあるリンクをクリックしたり，添付ファイルを開けたりしてはダメだよ。

(1)　情報セキュリティ対策は万全に

　大手監査法人をはじめとした一部の監査法人は，セキュリティ対策にかなり力を入れています。たとえば，電子メールでは，24時間世界中から怪しいメールが次々と送られてきているそうですが，職員に届く前にブロックしているようです。もちろん，それをすり抜けて職員に届くこともありえますが，不定期にフィッシングメール対策訓練を行っている例もあり，監査法人に勤務しているときは，セキュリティ対策への意識は高いように思います。

　しかしながら，監査法人を退職して独立開業すると，どうしてもセキュリティ対策のレベルも意識も低くなりがちです。

　税理士やスタッフには守秘義務があります（法38条，54条）。「*23* 税務でも守秘義務を徹底する」でも説明したとおり，誤送信のように結果として情報漏洩してしまった場合も守秘義務違反となります。

　IT化が進んでいる現在，不正アクセスやフィッシングによる情報漏洩のリスクは日々高まっています。そのため，税務においてもセキュリティ対策は万全にする必要があります。

(2)　独立開業によるIT環境の変化がもたらすリスク

　独立開業すると監査法人時代とはIT環境が変わります。この環境変化に

よって，行ってしまいがちな行動を紹介します。

① パスワードの未更新

監査法人では，定期的にパスワードの更新を要求されるところがありますが，個人の場合は，パスワードが未更新のままというリスクが想定されます（ただし，近年は顔認証のパソコンも増えています）。

② USBメモリの紛失やウイルス感染

監査法人では，USBの使用を禁止していることが多いですが，独立開業するとその制約がなくなります。そのため気軽にUSBを使用し，あるとき紛失してしまう，あるいはウイルスに感染するというリスクが考えられます。

③ セキュリティソフトをインストールしない

自分のパソコンにセキュリティソフトをインストールすることを失念する，あるいは，独立当初はできるだけお金を使いたくないことから，自分のパソコンのためにセキュリティソフトの購入をしないということも想定されます。

(3) 情報漏洩対策

情報漏洩対策は多々あり，ここではすべて書ききれませんが，独立開業した場合の情報漏洩対策を2つ紹介します。

① 最新のセキュリティ対策を知っておく

ウイルスソフト，フィッシング等は年々巧妙になっていますが，セキュリティ対策もそれにあわせて進化しています。そこで，政府系，民間系のセキュリティ対策ページのチェック，日本公認会計士協会や税理士会がIT専門家を招いて行う研修の受講などで，最新の傾向と対策を身につける必要があります。

② 税賠保険の情報漏えい担保特約に加入する

税理士職業賠償責任保険には，「情報漏えい担保特約」（任意加入）があります。いつ情報漏洩によりクライアントに損害が発生するかは予測できないので，このような保険に入って万が一に備えておくとよいでしょう。

㉚ 税務相談会には必ず参加する

甲斐 支部から，所得税の確定申告の無料相談会への参加要請がきました。所得税はまだよくわからないので，欠席したいのですが……。

瀬井 税理士会が実施する税務支援に従事することは，会員である税理士の義務なんだ。必ず出席しないといけないよ。

(1) 税務支援とは

　税務支援とは，経済的理由により税理士に依頼できない小規模納税者や税理士会が地域の実情等を考慮して援助が必要と認めた方を対象として，無償または著しく低い報酬で税務相談等を行う事業です。

　税務支援は，次の3つに分けられます（日税連ホームページより）。

①	独自事業	各地の税理士会が主体的に実施する事業
②	受託事業	国税当局が行う委託事業を受託して実施する事業
③	協議派遣事業	商工会や青色申告会など税理士会が指定する団体と協議し，税理士を派遣して実施する事業

　毎年2月から3月上旬における所得税の確定申告期に，各地の税理士会は一般の納税者向けに税理士が相談に応じる無料相談会を実施します。この無料相談会は①独自事業に該当します。

(2) 無料相談会には必ず参加

　この税務支援に従事することは，会員である税理士にとっての義務です。これは各税理士会の会則や綱紀規則にも定められています。

　なお，病気療養その他正当な理由なく拒むことはできないとされていることから，たとえば，新型コロナウイルスやインフルエンザに感染したといった場合は欠席することが認められます。ただし，税理士会や支部によって異なると思いますが，医師の診断証明書など，何らかの証明が必要になることが多いと思います。その理由は，仮病を使って欠席する税理士がいるからです。

　公認会計士の場合は，地域会が行う租税教室などがありますが，多くの場合は独立開業している公認会計士が参加するので，監査法人に勤務している公認会計士にとっては，ほとんど参加する機会はないといってよいでしょう。また，もし参加要請があっても，参加するかどうかは任意です。

　しかし，所得税の確定申告期の無料相談会といった税務支援の参加は義務です。理由なく欠席すると後日，綱紀監察部から事情を聴かれる可能性があるので十分注意する必要があります。

(3)　支部によって支援内容は異なる

　この税務支援は，同じ税理士会の中でも支部によって支援内容が異なります。所得税の確定申告期の無料相談会は，毎年参加が要請される支部もあれば，全く参加要請がない支部もあります。

　また，確定申告期の無料相談会だけでなく，毎月一定の曜日に無料相談会を行っている支部もありますし，小規模事業者向けに税理士による無料の記帳指導を行う支部もあります。

　監査法人を退職して独立開業した公認会計士は，通常，税務の経験はなく，税務の知識，とりわけ所得税の知識は乏しいのが実情です。しかしながら，税務支援への従事は義務なので，必ず参加する必要があります。この点が悩ましいところですが，すでに独立開業している先輩や知人に聞くなどして，各支部の活動状況や相談対応のポイントを事前にリサーチしておくといいでしょう。

㉛ 税理士資格に更新手続はない

甲斐 公認会計士の資格で税理士資格も取得しましたが，税理士資格を維持するために，更新手続のようなことをする必要はありますか？

瀬井 いや，更新手続はないよ。会費を滞納しない，10年に1回税理士証票を交換する，事務所の住所等を変更したら変更登録を忘れないといったところかな。

⑴ 税理士資格の取得

　公認会計士および公認会計士となる資格を有する者であれば，税理士となる資格を有します（法3条1項4号）。そのため，監査法人を退職した公認会計士は，通常，公認会計士の資格に基づいて税理士登録の申請を行い，税理士登録を行います。

　税理士登録が決定し，税理士となった後は，運転免許のような更新手続はありません。この点は公認会計士と同様です。

　もし業務廃止などの理由により公認会計士の登録を抹消しても（公認会計士法21条1項），公認会計士となる資格を有する者であれば税理士資格は継続できます。また，いったん業務廃止しても，その後再登録することは可能です。たとえば，海外留学のため業務廃止し，帰国後，再登録をしたという公認会計士・税理士もいました。再登録するときは，開業登録と同様，必要書類を提出し，登録面接を受ける必要があります。これをクリアしないと，再登録はできません。

⑵ 資格維持のための留意点

　このように，税理士資格について更新手続はありませんが，資格を維持し

ていくにあたって次の留意点があります。

①　会費を滞納しない

　会費については「26 会費を滞納しない」で説明したとおり，滞納しないことです。会費を納めない場合，税理士資格の登録の取消事由にはなりませんが，税理士会の会則上の懲戒処分，税理士法の懲戒処分を受ける可能性があります。

②　税理士証票の定期交換

　税理士登録が完了すると，税理士証票が交付されます。この税理士証票は，いわば免許証のようなもので，自分が税理士であることを明らかにするものです。

　税理士または税理士法人が税務代理をする場合，この税務代理に係る税理士が税務官公署の職員と面接するときは，その税理士は，税理士証票を提示しなければなりません（法32条）。

　この税理士証票は，交付日から10年を経過したときは交換しなければいけません。これは税理士証票の定期交換といいます。

　定期交換の対象となる税理士には，日税連から「税理士証票の定期交換のお知らせ」がきますので，案内に従って定期交換の申請を行います。なお，このとき更新手数料が必要となります。

③　事務所所在地を変更したら変更登録申請

　税理士事務所の所在地は税理士名簿の登録事項です（法18条）。この税理士事務所の所在地に変更を生じたときは，遅滞なく変更の登録を申請する必要があります（法20条）。

　この税理士事務所の所在地に関して，日税連は，税理士の登録を受けた者が２年以上継続して所在が不明であるとき，資格審査会の議決に基づき，当該登録を取り消すことができるとされています（法25条１項柱書，３号）。

　２年以上所在が不明ということが要件となっていますので，登録取消しとなる場合は，かなり深刻な事態が生じている可能性がありますが，所在不明のため税理士登録が取消しとなる事例は，時々見かけます。

㉜ 郵便物を間違って捨てない

甲斐　税理士登録をしたら，郵便物がたくさん届くようになりました。正直言って全部見れません……。

瀬井　たしかに，ダイレクトメールをはじめとして郵便物は大量にくるようになるね。確認が面倒だけど，普通郵便で税務署や税理士会から重要な文書がくることがあるので，間違って捨てないようにね。

(1) 税理士登録をすると届くようになる郵便物

　税理士登録が完了すると，登録した税理士事務所の所在地に郵便物がたくさんくるようになります。

　これは，「**4** 事務所の住所は公開される」で説明したように，日本公認会計士協会の場合と異なり，税理士事務所が一般に公開されるためと推測されます。

　主な発送元と郵便物は，おおむね右の表のとおりです（注：所属する地域によって異なります。また，私の記憶に基づくものであることをご了承ください）。

(2) 返信が必要なものは捨てないように！

　このように，税理士事務所には多くの郵便物が届きますが，ほとんどが普通郵便で届くので，整理整頓しないと埋没しがちです。

　これらの中で，注意すべきは右の表で★印をつけた次の3つです。

① 「税理士業務の概況書」

　税理士事務所の概要を報告する書類です。この書類は，管轄する国税局によって名称や記載内容が異なります。

発送元	主な郵便物
① 税務署	・「税理士業務の概況書」（大阪国税局管内の場合）★1　など
② 日本税理士会連合会	・会報誌「税理士界」など
③ 各税理士会	・「使用人等報告書」（近畿税理士会の場合）★2 ・税務支援の案内★3 ・会報誌，研修案内など
④ 各支部	・会報誌，研修案内など
⑤ 日本税理士政治連盟	・入会案内，会報誌など
⑥ 日本税理士共済会	・団体保障，個人年金などの案内
⑦ 日税連保険サービス	・税理士職業賠償責任保険の案内，契約更新の案内など
⑧ 生命保険会社	・保険代理店の加入案内
⑨ 出版社	・税務雑誌の定期購読の案内 ・書籍の割引購入案内
⑩ ダイレクトメール	・税務ソフト会社による商品案内 ・不動産会社による商品案内 ・会計事務所用事務用品の案内 ・税理士紹介会社の案内　など

返信必須で，e-Taxで提出することもできます。

② 「使用人等報告書」

この書類は，使用人その他の従業員の氏名や人数などを報告するものです。この書類も税理士会によって名称や様式が異なります。

返信必須ですが，近畿税理士会のようにオンライン申請できるところもあります。

③ 税務支援の案内

これは「*30* 税務相談会には必ず参加する」で紹介した，税務相談会の日程や配員表などの書類です。支部によりますが，所得税の確定申告の無料相談会に関する書類は12月〜1月に届きます。自分が担当となっているかどうか，担当の場合は担当日を確認する必要があります。

 **Column |**

「その気はなかったのに……」とならないために

　税理士法や綱紀規則の怖さは，本人にその気はなかったのに違反行為をしていたというリスクがあることです。税理士登録をした以上，税理士法や綱紀規則も当然知っておかなければなりません。「そんな規則があったなんて知りませんでした」では済まされないのです。

　第Ⅱ章では，「2ヶ所事務所」「名義貸し」「使用人監督義務」について紹介しましたが，これらは監査法人で勤務してきた公認会計士からすると，「え？　そうなの？」と思われる方が多いと思います。しかし，税理士になった以上，仮に知らなくても，これらの行為を行うと懲戒処分の可能性があります。

　2020年に新型コロナウイルス感染症がまん延したとき，ある大手監査法人グループ（その中には税理士法人も含まれます）は，同年3月初日から一斉にテレワークに移行しました。他の大手監査法人グループも同じ時期にテレワークに移行した模様です。

　しかし，中小規模の税理士事務所の多くは当初，テレワークの実施に躊躇したようです。なぜかというと，「2ヶ所事務所」に抵触することを恐れたからです。「え，あんな非常事態だったのに？　職員の命は？」と思われるかもしれませんが，それくらい税理士は税理士法に抵触することを恐れているのです。

　特に新しい試みを行うときは，税理士法に抵触しないかどうかをよく確認するのがよいと思います。

第Ⅲ章

税 務 編

　第Ⅲ章では，公認会計士・税理士が税務を行う上で間違いやすい点や勘違いしやすい点について説明します。

　税理士登録をする公認会計士の多くは会計事務所での経験がありません。経験なしにいきなり税務に携わることになると，トラブルが発生する可能性も高くなってきます。

　未経験のハンデをカバーするためには，税務のリスクや陥りやすいワナをあらかじめ知っておくことが有効です。

　そこで，公認会計士の感覚のままでいるとはまりがちな落とし穴などについて紹介します。

33 自分の理論は通用しない

> 甲斐 税法の説明をするとき，自分で理論的に考えて説明しているのですが，クライアントから「基本通達にはこのように書いてありますが？」とことごとく反論されます……。
>
> 瀬井 税法は，法律，施行令，施行規則に加えて基本通達やQ&Aなどもあって，かなりの論点が網羅されているんだ。これらを確認しないで自分の理論で説明しても通じないよ。

(1) 公認会計士は理論で考える？

　現行の制度会計では，企業会計基準委員会や企業会計審議会が策定した会計基準をはじめとして，企業会計基準適用指針などが充実しているため，実務上の判断基準はかなり明らかになっているといえます。

　しかしながら，会計監査の実務では，これらの中で明らかにされていない論点も出てくることがあり，判断に迷う場合が少なくありません。

　このようなとき，公認会計士は会計理論に基づいて自分の考えを理論的にまとめることが多くなります。そのため，公認会計士には，会計理論を基礎にした「あるべき論」を考える傾向が強く見られます。

(2) 税法の重畳構造

　税法は，法律を頂点とした重畳構造となっており，条文数が極めて多い点が特徴です。そのため，実務上の論点がかなり明らかとなっています。

　たとえば，消費税を例にとってみると，消費税法，消費税法施行令，消費税法施行規則に加えて，消費税法基本通達，文書回答事例，質疑応答事例があります。さらに，インボイス制度のQ&A，取扱通達，軽減税率制度の

Q&A，取扱通達などがあります。また，租税特別措置法，同法施行令，同法施行規則もあります。加えて，国税不服審判所の裁決事例，最高裁判所の判例などもあります。

　これらは財務省や国税庁，裁判所などが出しているものなので，実務にあたっては，まずこれらの条文等に記載あるいは説明されていないかどうかを確認する必要があります。また，これらに加えて，市販の事例集なども参考になります。

　なお，法令解釈通達やQ&Aなどに強制力はありませんが，実務は，ほぼ例外なくこれらに準拠して進めることになります。

(3) まずは調べる

　税務では，このような膨大な分量の条文等をすべて調べた上で，それでも解決できない場合に，初めて自分の理論で考えるということになります。

　つまり，税務においては，いきなり自分の理論で考える前に，まず，これらの条文等を全力で調べることが重要なのです。

　税法は量も多く，なおかつ複雑です。税務を始めた当初は，どこに何が書いてあるのかわからないし，見逃す可能性もあります。しかし，経験を積むと「そういえば，あそこに書いてあったな」といったように，何となく思い出すこともできるようになってきます。このように，税務では経験が重要なのです。

(4) 税法は政策的な面もある

　もう1つ，いきなり自分の理論で考えないほうがよい理由は，税法には政策的な側面が見られ，必ずしも理論が首尾一貫していないと思われることもあるからです。たとえば，国が普及させたい分野では，従来の理論とは異なる考え方をもとに制度が設けられることもあります。

　理論的に考えることはよいことですが，税務ではしばしばそれが仇となることもあると心得ておきましょう。

34 重要性の基準値は存在しない

 甲斐　売上のカットオフエラーがありました。金額は大きくないのでパスしようと思います。

 瀬井　それはまずいよ。意図的に売上を繰り延べたと判断されるおそれもあるよ。税務には重要性の基準値はないんだ。監査と同じ感覚でやらないようにね。

(1)　会計監査では僅少なエラーはパスするものの……

　会計監査を行ってきた公認会計士にとって,「重要性の基準値」はおなじみだと思います。

　重要性の基準値とは,「監査計画の策定時に決定した,財務諸表全体において重要であると判断する虚偽表示の金額（監査計画の策定後改訂した金額を含む。)」をいいます（監査基準報告書 320「監査の計画及び実施における重要性」8(1)）。

　そして,会計監査では,重要性の基準値の他に,「手続実施上の重要性」,「明らかに僅少な虚偽表示」が設けられ,それぞれ金額が設定されます。

　もし,会計監査において会計処理の誤りを発見しても,明らかに僅少な虚偽表示未満の金額であれば,その誤りはパス,すなわち問題としないことになります。また,明らかに僅少な虚偽表示以上の金額のエラーであっても,合計値が手続実施上の重要性に達していなければ,原則として問題なしとします。

　超巨大企業では,会計処理のエラーはかなり少ないですが,上場企業であっても経理体制が盤石ではない会社や,上場準備中で経理体制が発展途上という会社では会計処理のエラーはよく見られます。

　このような会社では，単純な会計処理の誤り，会計基準の適用誤り，あるいは見解の相違に基づく虚偽表示が出てくることは珍しくありません。

　そのため，このような会社の会計監査を担当した公認会計士の中には，少額の会計上の誤りについてパスした経験がある方もいらっしゃると思います。

(2)　少額でも見落とさない

　こうして，会計監査に携わってきた公認会計士には，会計処理の誤りがあっても少額であれば問題なしとする感覚が身についてしまっています。

　しかしながら，税務では，重要性の基準値は存在しません。税務では，少額の会計上の誤りを問題なしとしてパスしてしまうと，後々大問題になるおそれがあります。

　税務を行うにあたっては，少額でも会計処理の誤り，税務処理の誤りを見逃さないようにすることが重要です。この感覚はすぐには変えることができないので，常に意識する必要があります。

(3)　売上のエラーをパスすると……

　特に，売上の会計処理の誤りには気をつける必要があります。

　たとえば，売上の計上漏れが発覚した場合，会社が翌事業年度の売上として計上したとします。このとき，少額だからという理由で「問題なし」としてしまうと，税務上問題となる可能性があります。この場合，税務申告書上で売上の計上漏れを反映する必要がありますが，これを行わないと税務当局から指摘を受ける可能性があります。

　売上のカットオフエラーであればまだよいですが，これが売上除外となると，かなりまずいことになります。税務当局からは「他にもあるのではないか？」と疑念を持たれる可能性がありますし，万が一仮装または隠蔽に該当すると認められると，重加算税が課される可能性もあります。

　税務では，1つひとつの取引を丁寧に見ていく必要があるのです。

$\textcircled{35}$ 数字は円単位で見る

甲斐 会計監査のときは百万円単位で見ていましたが，税務はすべて円単位なので疲れます……。

瀬井 納税額は百円未満切捨てだけど，還付額は円単位になるからね。監査法人のときとは違うけど，円単位の感覚に慣れるようにね。

(1) 円単位に慣れていない公認会計士？

　会計監査を行ってきた公認会計士は，円単位ではなく，百万円単位や千円単位に慣れてしまっていることが多いかもしれません。少なくとも，比較的年齢の高い公認会計士にはその傾向が強いと思います。

　金融商品取引法の規定に基づく財務諸表の単位は，百万円または千円単位と定められています（財務諸表等の用語，様式及び作成方法に関する規則10条の3）。

　そのため，監査調書を作成する際も百万円または千円単位とすることが多くなります。私が知っている限り，少なくともベテランの公認会計士で，円単位で監査調書を作成している人は見たことがありません。特に，紙の監査調書の場合，円単位で作成すると時間がかかるので，円単位よりは千円または百万円単位で作成するほうが効率はよくなります。

(2) 円単位で行う監査法人もあるものの……

　もっとも，近年は監査調書を円単位で作成する監査法人もあります。これはITの発展と電子調書化が背景にあります。

　近年の会計監査では，被監査会社が表計算ソフトで作成した会計資料を，そのままデータで入手し，それを使用あるいは加工して監査手続を進めるこ

とが主流になってきています。

　被監査会社が作成した会計資料は，当然のことながら円単位ですから，この会計資料を使用あるいは加工した監査調書も円単位となります。

　したがって，現在，大手監査法人に所属している世代では，円単位に慣れている方が以前よりも多いかもしれません。とはいえ，その場合でも，重要性の基準値等は百万円単位，千円単位で認識することが通常なので，以前よりも円単位の意識は高くなっている可能性はあるものの，まだまだ百万円単位，千円単位の意識は根強いのかもしれません。

(3)　税務は円単位できっちりと

　しかし，税務では円単位で見ていく必要があります。

　税理士がクライアントとする株式会社は，非上場で規模的には大きくない会社が多く，このような会社が作成する計算書類は，多くが円単位で作成されます。

　そして，もちろん，法人税や消費税といった税金計算も円単位で行います。また，納税額は百円未満切捨てですが，還付の場合は円単位となります。

　このように，税務では円単位で数値を見ていく必要がありますが，百万円または千円単位に慣れてしまっている公認会計士は，円単位まで気にせず，百万円または千円単位で大まかに見ていってしまう傾向があります。

　しかし，「*34* 重要性の基準値は存在しない」にも関連しますが，税務では円単位できっちりと合わせていく必要があります。1円でもズレがあると，税務当局も疑問を持つことになり，ボヤが大火事になる可能性もあります。

(4)　百万円または千円単位で記載する書類も

　なお，税務でも百万円または千円単位で記載する場面があります。

　法人の確定申告において提出する「法人事業概況説明書」は千円単位（源泉徴収税額は円単位）で，調査課所管法人用の「会社事業概況書」は百万円単位で記載します。ここだけは，例外といえるかもしれません。

㊱ 「何とかなるだろう」と考えない

> 甲斐 最近，相続税や譲渡所得の確定申告の依頼がきています。依頼され
> た仕事は断らないという方針なので，これらの税法はまだよくわ
> かっていませんが引き受けようと思っています。
>
> 瀬井 それは簡単に考えないほうがいいんじゃないかな。依頼された業務
> にどのようなリスクがあるかを事前に検討することは重要だよ。

(1) 公認会計士はチャレンジャーが多い？

　一概にはいえませんが，公認会計士は未知の分野でもチャレンジする方が多い傾向にあるように感じます。

　たとえば，上場会社の会計監査しか経験したことがない公認会計士が，学校法人会計をよく知らないまま，幼稚園の監査を引き受けるというケースはよく見られます。その他にも，公益法人，社会福祉法人，医療法人といった分野でも同様のケースが見られます。会計監査についていえば，本来は監査契約を締結する時点で，学校法人会計など，その法人に適用される会計基準を十分に理解している必要があります。また，その法人に関連する監査の実務指針なども同様に，理解している必要があります。

　しかしながら，実際には，これらの会計基準や監査実務指針をよく知らないまま，依頼されたら監査契約を締結し，会計監査に突き進む中小監査法人や公認会計士がいます。

　それで大丈夫なのか，という疑念が出てきますが，実は，これらの会計基準や監査実務指針は，企業会計における会計基準や監査基準等をベースにしているので，別物のような大きな違いがあるのかというと，そうではありません。そのため，企業会計の監査とほぼ同じ要領で進めることができるのも

事実です。その一方で，知らないところはどうするのかというと，調べながら進めるという方が多く見られます。そして，結果として何とか無事終了しているというケースが多いのではないでしょうか。

そのためか，公認会計士の中には「何とかなるだろう」と，よく知らないまま仕事を引き受ける方がよく見られます。

(2)　税金の監査と税務は異なる

しかし，税務については，たとえば，法人税や消費税の監査や税効果会計の監査の経験があるからといって，株式会社の税務ができるのかというと，そうとは限りません。それどころか，税金の監査と税務は別物です。

税金関連の監査を行ったことがあるので税務は理解していると思っている公認会計士を時々見かけますが，税務申告書の作成をはじめとして，最初はなかなかうまくいかないのが現実です。「税金関連の監査の経験があるから，何とかなるだろう」という考えにはリスクがあります。

ましてや，所得税や相続税といった未経験の分野について，「何とかなるだろう」と思って実務を進めてしまうことには，かなりリスクがあります。

(3)　「何とかなるだろう」は危険

会計監査の場合，日本公認会計士協会や金融庁の懲戒処分がありますが，処分の対象となるのは監査法人と業務執行社員であることがほとんどです。補助者は，監査意見に影響を与えるような職階でない限り懲戒処分を受ける可能性が低いので，もしかすると当事者意識は高くないのかもしれません。

しかし，独立開業したら今度は自分が所長です。これまで説明してきたように，税理士会や国税庁の懲戒処分を受ける可能性が出てきます。さらに，クライアントから損害賠償責任を問われる可能性もあります。

このように，独立して自分が税務に携わるようになると，さまざまなリスクが出てくるので，契約にあたってはこの点を勘案して慎重に判断する必要があります。

㊲ 保守的な処理はかえってリスクになる

甲斐　税務当局に指摘されないように，クライアントには費用の計上については消極的な処理を提案しているのですが，最近これでいいのかなと思ってきました……。

瀬井　税務では，過大納付して，しかも返ってこないというのがよくないんだ。税務当局側だけを見ているとリスクがあるよ。

(1) 会計の思考と税務の思考の違い

　会計監査の現場では，公認会計士は，利益が増える会計処理を指導することはまずありません。

　一方，税務は利益が減ると，税金の減少につながってしまいます。そのため，法人税の場合は，費用・損失の計上について慎重になります。

　このように，会計と税務では逆の思考になりますので，公認会計士は，税務の思考に慣れるのに時間がかかります。とはいえ，税務を行っていると，公認会計士も次第に税務の思考に慣れてきます。

(2) 調書レビューや審査を経験すると……

　監査法人で会計監査を行ってきた公認会計士は，調書レビューを経験しています。審査の対応を行った方もいるでしょう。調書レビューや審査を経験すると，上司からなるべく指摘を受けないように，どうしても監査手続や自己の判断は厳格な方向に向かいます。

　それ自体は問題ではありませんが，実は，この姿勢が身についたまま税務に臨むと，税務当局からなるべく指摘を受けない手続を選択してしまう可能性があるので，留意する必要があります。

　たとえば，原則と特例があり，特例を適用すれば税金は減少するものの，その特例を適用できるかどうか微妙な場面があるとします。このとき，監査法人時代の姿勢が身についたままだと，「税務当局とは争いたくないなあ」と無意識に保守的な思考が出てきてしまいます。すると，税務当局から指摘を受けないよう，原則の手続を選択してしまいがちです。

　なぜかというと，特例の手続を選択すると，税務当局から適用要件を満たしているのかどうかといった点について調査を受ける可能性があるからです。一方，原則の手続であれば，このようなことを調査される可能性は低くなりますので，税理士としては安心です。

(3)　過大納付のほうがリスクは高い

　しかし，これでは，税理士が税務当局のほうを向いた構図になってしまいます。

　税理士は，納税者あるいは税務当局のいずれにも偏しない独立した公正な立場を堅持する必要があります（法1条）。税務当局側のみに立ってしまうと，納税者の利益が損なわれてしまうのです。

　税理士が専門家としての手続と判断を行ったにもかかわらず，税務調査の指摘により修正申告を行う場合は，本来，納税者が納めるべき税金を納付することになりますので，通常は損害には該当しません（なお，税理士職業賠償責任保険では「納付すべき税額を過少に申告した場合において，修正申告・更正・決定等により本来納付すべき本税」は保険金の支払対象とならないとされています）。しかし，税理士の税制選択の誤りにより，納税者が本来納める必要のない税金を納めてしまい，しかも還付されないとなると，それは損害となってしまいます。

　このように，税務当局からの指摘を恐れて税務当局側に立った税務手続を行っていると，過大納付になり損害賠償責任のリスクが生じます。

　税務調査は調書レビューや審査ではありませんから，クライアントの利害も考えて税務手続を行う必要があるのです。

㊳ 年間スケジュールの感覚をつかむ

> 🧑 税務申告は期限が決まっているにもかかわらず，いつも後手に回っ
> 甲斐 てしまい，作業が大変です……。
>
> 🧑 まず税務の年間スケジュールの感覚をつかむといいよ。そうすると，
> 瀬井 先読みできて，今から何を準備すべきかがわかるようになるからね。

(1) 会計事務所勤務の経験がないことのデメリット

　監査法人を退職して独立開業する公認会計士のほとんどは，会計事務所の勤務経験がありません。そのため，1年間の税務のスケジュール感覚が身についていません。もっとも，税務を初めて行うわけですから，無理もありません。

　一方，会計事務所に勤務していると，1年目はともかく，2年目あたりからは税務の年間スケジュールが感覚的に身についてきます。

　たとえば，12月になると年末調整のシーズンです。そして，年が明けて1月は源泉所得税の納付（納期の特例），法定調書合計表の作成，償却資産税の申告と続きます。そして，これらの税務を行いつつ，1月下旬頃になると，そろそろ所得税の確定申告の資料依頼の準備を始めないと……といったように，少し先の税務を想定しながら，それに対する準備を前もって行うことができるようになっていきます。

　しかし，会計事務所での勤務経験がないと，このあたりの感覚が身につきません。しかも，実際に携わる税務も，所得税，法人税，消費税のすべてがあるとは限りませんし，開業から数年はクライアントの数が多くないので，経験を積むのも難しくなります。

(2)　資料収集への影響

　税務の年間スケジュールの感覚が身についていないと，資料収集に影響が出てきます。会計監査でも同じですが，税務でも，資料を早く漏れなく集めることが重要です。

　しかし，税務では，会計監査の被監査会社のように内部統制が整備・運用されている会社は，残念ながら少ないと言わざるを得ません。個人事業者についても，領収書や請求書といった証憑類を全く整理していない人もいます。このような状況の下では，いかに早く，こちらから積極的に資料の依頼を行うかが重要となります。待っていては，手遅れになることもあるので注意が必要です。実際に，申告期日の間際になって資料が送られてきたという話はよく聞きます。

　しかしながら，年間の税務スケジュールを把握していないと，いつ頃にどのような資料を依頼すればよいかがわかりません。行動を起こすには年間の税務スケジュール感覚を身につけておく必要があるのです。

(3)　「税務手帳」を読んでみよう

　とはいえ，会計事務所の勤務経験がないまま，スケジュール感覚を身につけることは難しいものです。

　1つの対策として，「税務手帳」に記載されている税務スケジュールを読んでみるという方法があります。「税務手帳」とは，日税連が編集している手帳で，この手帳には，毎月と毎日の税務手続が記載されています。

　たとえば，1月31日であれば，源泉徴収票の交付，支払調書の提出，固定資産税の償却資産に関する申告……といった具合です。

　これを読んで，1年間を通して，何月にどのような税務手続を行わないといけないのかを，あらかじめ知っておくと有益だと思います。

　その上で，税務に携わっている知人と定期的に会話をして，今，知人が行っている税務を探ってみるとよいのではないかと思います。

㊵ 税務手続をいち早く把握する

甲斐　クライアントから申告期限日や納期限を確認されるのですが，まだ頭に入っていないので，あいまいな回答しかできていません……。

瀬井　それはまずいね。申告期限日や納期限は，税務を行うにあたって絶対に知っておかないといけない事項だよ。確実に押さえておこうね。

(1) 試験にあまり出てこない税務手続

　公認会計士は，公認会計士試験や修了考査で税法を勉強し，試験もクリアしています。しかしながら，試験には税務手続を問う問題はあまり見られません。これは，あくまで推測ですが，公認会計士試験や修了考査は，基本的に公認会計士が会計監査を行う上で必要な税法の理解を問うというスタンスではないか，そのため，税務手続に関する問題が少ないのではないかと思います。

　もっとも，専門学校のテキストには税務手続も掲載されているので，全く勉強をしていないということはないはずですが，正確な知識が身についていない方は少なくないかもしれません。

(2) 主な確定申告の提出期限日と納期限

　ここでは，法人税，消費税，所得税の確定申告の提出期限日と納期限を整理します。なお，中間申告などもありますので注意が必要です。

　これらの期限日が土曜日，日曜日，祝日，12月29日，30日，31日の場合は，これらの日の翌日をもってその期限とみなされます（国税通則法10条2項，同法施行令2条2項）。

　たとえば，所得税の確定申告につき，3月15日が土曜日の場合は，3月17

【法人税】

確定申告	事業年度の終了の日の翌日から2ヶ月以内 （申告期限の延長をした場合は1ヶ月または税務署長が指定する月数の期間延長）
納期限	事業年度の終了の日の翌日から2ヶ月以内

【消費税】

法人の場合	
確定申告	課税期間の終了の日の翌日から2ヶ月以内 （申告期限の延長をした場合は1ヶ月延長）
納期限	課税期間の終了の日の翌日から2ヶ月以内
個人事業者の場合	
確定申告	3月31日
納期限	3月31日

【所得税】

申告所得税および復興特別所得税	
確定申告	3月15日
納期限	3月15日
源泉所得税および復興特別所得税	
納期限	【原則】 源泉徴収の対象となる所得を支払った月の翌月10日
	【納期の特例の承認を受けている場合】 ・1月から6月までの支払分→7月10日 ・7月から12月までの支払分→翌年1月20日

日（月）が提出期限および納期限となります。

　なお，消費税の課税事業者選択届出書，簡易課税制度選択届出書，簡易課税制度選択不適用届出書などは，この国税通則法による土日祝等のみなし規定は適用されませんので注意が必要です（消費税法9条4項，37条1項本文，7項など）。これらは提出期限の認識誤りを起こさないようにする必要があります（「*70* 消費税はとにかく恐ろしい」参照）。

$\widehat{40}$ さまざまな税金を押さえる

甲斐 クライアントから「償却資産税の申告もしてくれるんですよね？」とか「この覚書に印紙は必要ですか？」といろいろな税について聞かれて困っています……。

瀬井 税務では，法人税，消費税，所得税の他にもいろいろな税金が関わってくるからね。税務で出てくる税金を知っておくと同時に，契約時に取り扱う税目をはっきりさせる必要もあるよ。

(1) 税務ではいろいろな税金が出てくる

税務では，法人税，消費税，所得税がメインになりますが，この3つの税金以外にも，いろいろな税金が出てきます。

税務を初めて行う公認会計士には，他の税金についてよく知らないという方も多く見られます。しかしながら，法人税，消費税，所得税以外の税金について質問されることも少なくないため，何を目的とした税金なのか，国税なのか地方税なのかといった点を知っておく必要があります。

右の表は，法人の税務で出てくる主な税金の一覧表です。

(2) 取り扱う税目は契約時に限定しておく

これらは法人に関する税金ですが，クライアントと契約を締結する際には，税務代理，税務申告について，どの税金を対象とするのかをはっきりと決めておく必要があります。クライアントによっては，法人税等，消費税等だけでなく，年末調整，法定調書合計表の作成，償却資産税の税務申告も税理士に依頼しているところもあります。

業務で扱う税金をはっきりさせておかないと，たとえば，法人税等と消費

	国　税	都道府県民税	市町村民税
法人税関連	法人税	法人道府県民税 （均等割と法人税割 から構成） （東京都は都民税）	法人市町村民税 （均等割と法人税割 から構成）
		法人事業税 (注)資本金1億円超 　の普通法人は外形 　標準課税（所得割， 　付加価値割，資本 　割から構成）	
消費税関連	消費税	地方消費税	
その他	源泉所得税	不動産取得税	固定資産税（償却 資産税を含む）お よび都市計画税
	印紙税		事業所税

税等についてのみ引き受けたと思っていたのに，1月下旬になってから「先生，償却資産税の申告書作成の進捗はどうなっていますか？」と突然言われ，トラブルになるおそれがあります（「99 業務範囲の見解の相違を生まない」参照）。

　こういったトラブルを防ぐには，まず，どのような税金があるのかを知っておくことが必要です。そして，クライアントがどの税金について依頼しているのかを口頭だけでなく，文書で確認しておくべきでしょう。

　この場合，業務契約書に税目を明記することはもちろん重要ですが，事前に説明をしないで，いきなり業務契約書に記載すると，この時点で見解の相違によるトラブルが発生するおそれがあります。そこで，業務契約書のドラフトを作成する前に，たとえば，年間実施スケジュールを作成して，相互にどの税目を対象とした業務を行うのかといった業務内容を確認するという方法が考えられます。このようにして，契約前に文書で確認しておくことは，自分の身を守ることにもつながります。

㊹ 届出書・申請書を軽視しない

甲斐　クライアントは消費税の免税事業者なのに，税務署から中間申告の納付書が送られてきました。クライアントから「どういうことなのか⁉」と言われて困っています……。

瀬井　それは「消費税の納税義務者でなくなった旨の届出書」を出していなかったことが原因だね。この届出書を出さないと，税務署はそのクライアントが免税事業者になったことを把握できないんだよ。

(1) 届出書・申請書は期限までに必ず提出

　税務を行うにあたって届出書と申請書の提出は極めて重要です。

　おそらく，初めて税務を行う公認会計士の多くは，この届出書と申請書の恐ろしさを知らないと思います。「届出書なんて，単なる書類でしょ？」と思ってはいけません。この届出書や申請書の提出を失念したばかりに損害賠償請求を受けるリスクがあるのです。

　届出書や申請書は提出期限までに提出することを忘れないようにする必要があります。そのためには，まず，どのような届出書や申請書があるのか，そして，どのような場面で提出するのかを知っておく必要があります。

(2) 届出書・申請書の提出ミスで損害賠償となることも

　届出書や申請書の提出ミスによる損害賠償請求で最も多いのは消費税に関するものです。その消費税に関しては，「*70* 消費税はとにかく恐ろしい」等で詳しく説明しますので，以下では法人税と所得税の事例について説明します。

　税理士職業賠償責任保険の事故事例では，青色申告承認申請書の提出失念の事例が掲載されています（2021 年 7 月 1 日〜2022 年 6 月30 日版の13番）。

　この事例は，依頼者の法人設立と同時に関与を開始し，各種届出書は提出したものの，青色申告承認申請書のみ提出を失念してしまい，提出の失念に気づいた設立9期目に，それまでに発生した欠損金の繰越控除ができなくなったものです。そのため，法人税の過大納付が発生し，損害賠償請求を受けたということです。

　また，同年版の14番では，事前確定届出給与に関する届出書の提出失念の事例も紹介されています。「44 電子申告は必ず送信完了を確認する」でも説明しますが，このケースは，同届出書を作成していたにもかかわらず，e-Tax送信が未了であったものです。事前確定届出給与に関する届出書を提出していないと，役員賞与について損金算入ができませんので，この事例においても法人税の過大納付が発生し，損害賠償請求を受けたということです。

　以上は法人税ですが，所得税についても，たとえば青色専従者給与の変更届出書の提出のミスによる損害賠償事例があります（「100の提案」「66．法人税・所得税の届出関係の管理台帳はできていますか」）。

　このように，届出書や申請書の提出を失念するとクライアントに多額の損害が発生することもあります。届出書や申請書の多くは紙1枚というものですが，紙1枚で多額の税金が変わってしまうことがあるのです。

(3)　過去の届出書・申請書の提出状況を確認する

　新規契約したクライアントの場合は，過去の提出状況を把握しておくことが必要です。しかしながら，クライアントの中には，前任の顧問税理士に一任して，過去の提出状況を全く把握しておらず，控えもどこにあるかがわからないというケースもあります。電子提出であれば過去の状況を調べることができますが，紙媒体の提出だと非常に困難です。

　このような場合は，税務署の申告書等閲覧サービスを利用して過去の提出書類を確認することができます。コピーをとることはできませんが，スマートフォンなどで写真撮影することは可能です。納税者本人のほか，税理士も代理人として閲覧することができます。

㊷ 記帳代行は二重責任の原則とは関係ない

 見込み客から「記帳代行もお願いできますか？」と言われました。
甲斐 「記帳代行」とは何ですか？

 税理士が，クライアントの帳簿，試算表，決算書などの作成を行う
瀬井 ことだよ。経理の一部のアウトソーシングといったところかな。

(1) 記帳代行とは

　記帳代行は，税理士がクライアントの振替伝票，総勘定元帳，試算表，決算書の作成を代行する業務です。いわば，経理業務の一部のアウトソーシングです。

　記帳代行は税理士でない人も行うことができるため，記帳代行を専門にする株式会社や会計ソフト会社の中には，会員である税理士に対して記帳代行サービスを行っている会社もあります。

　税理士の中にも，税理士事務所とは別に会計法人を設立し，その会計法人に記帳代行業務を委託する税理士がいます（「22 会計法人の責任は税理士に帰属する」参照）。ご存知のとおり，会計監査では二重責任の原則により，監査人がクライアントの会計帳簿や財務諸表の作成を行うことは禁じられています。そのため，もしかすると，公認会計士の中には「自分で帳簿を作成していいのか？」と思う方もいらっしゃるかもしれませんが，この記帳代行は税理士が行う業務の1つとして確立しています。

(2) 記帳代行の種類

① 丸投げ型と振替伝票作成型

　伝統的な記帳代行には，大きく分けて2つのタイプがあります。

　1つは，クライアントが通帳，領収書，請求書などの証憑類を税理士にそのまま渡し，帳簿の作成を依頼するタイプです。このタイプでは，税理士が自分で仕訳を行い，毎月の試算表を作成します。クライアントは会計を全く行わず，税理士にすべて委託している状態です。いわば，「丸投げ型」といえるでしょう。

　もう1つは，クライアントが振替伝票を手書きで作成し，その振替伝票をもとにして，税理士が会計ソフトに入力し，総勘定元帳，試算表などを作成するというタイプです。税理士はクライアントから，手書きの振替伝票のほか，通帳，領収書，請求書などの証憑類も受領し，これらを確認しながら会計ソフトに入力します。このタイプは「振替伝票作成型」といえるでしょう。

② 　クラウド型会計ソフトの台頭

　以上は伝統的な記帳代行の類型ですが，近年はクラウド型の会計ソフトが普及しており，このソフトを使った記帳代行もあります。

　クラウド型会計ソフトでは，税理士もインターネット上でクライアントの会計帳簿を見ることができるようになっています。また，クラウド型会計ソフトは，金融機関の口座と連携することで自動仕訳を行うことができます。一方で，自動仕訳されていない取引については，たとえば「登録待ち」という表示が出て保留されています。税理士はインターネット上の帳簿を見て，自動仕訳をチェックし，保留分については自ら仕訳を行います。

⑶ 　「自計化」を促すこと

　このように，記帳代行は税理士の業務の1つとして確立していますが，税理士としては，クライアントに記帳体制の確立を促すことが望まれます。この記帳体制の確立は，税理士の世界では「自計化」と呼ばれるものですが，クライアントが自計化しないと，毎月の月次決算や期末決算が遅れがちになり，経営の意思決定も遅れてしまいます。

　したがって，クライアントには記帳指導を行い，月次決算，期末決算の早期化を目指すことが望まれます。

㊸ マイナンバーは厳重に扱う

甲斐 所得税の確定申告にあたり，クライアントからマイナンバーカードの写しをいただくことになりました。個人情報なので取扱いが心配です……。

瀬井 マイナンバーの管理はとても重要だから，事務所で管理体制を確立しておこう。

(1) 税務申告書にはマイナンバーの記載が必要

　マイナンバー（正式には「社会保障・税番号制度」といいます）は，2015年（平成27年）10月よりわが国の国民全員に通知され，2016年（平成28年）1月から，国税においてマイナンバーの利用が開始されています。

　その結果，個人が税務署に提出する所得税の申告書や届出書などには，毎回マイナンバーの記載が必要となりました。

　監査法人に勤務していた公認会計士は，在職中にマイナンバーの提示を求められたと思います。なぜかというと，監査法人は，毎年1月31日までに法定調書として，一定の給与所得の源泉徴収票を税務署に提出しないといけないのですが，その源泉徴収票にマイナンバーを記載する必要があるからです。

　もし，税務で法定調書の作成・提出の業務を引き受けた場合，今度は，自分がクライアントに対してマイナンバーの提示を求めることになります。また，個人の所得税の確定申告書を作成する場合も同様です。

　ただし，すべての税務関係書類にマイナンバーの記載が必要なわけではありませんので，この点は注意する必要があります。平成28年度税制改正や平成30年度税制改正によりマイナンバー記載書類の見直しが行われましたが，このような情報は国税庁のホームページで確認しておく必要があります。

⑵　マイナンバーを取り扱うためには

　このように，税務においては，クライアントのマイナンバーを取り扱う機会が出てきますが，このマイナンバーは特定個人情報として，極めて厳重な管理を行う必要があります。具体的には，税理士事務所における安全管理措置を講じることになります。たとえば，基本方針や取扱規程等の策定，事務取扱者や責任者の決定，事務を行う取扱区域や情報システムを管理する区域の決定，廃棄ルールの決定，アクセス制限の決定などを行う必要があります。

　万が一，マイナンバーの漏洩等が発生すると，守秘義務（法38条），信用失墜行為の禁止（法37条）に抵触する可能性があるので注意が必要です。

⑶　税理士事務所に個室等が必要な理由

　マイナンバーの写しは通常，書面でいただくことになります。そのため，その書面を廃棄するまでの一定期間，保管する必要がありますが，その間は絶対に外部に漏洩してはいけません。そのための手段としては，鍵付きの部屋の中で，施錠できる鍵付きのキャビネットで保管することが考えられます。

　「5 オフィスの様式には決まりがある」で説明したように，税理士事務所の様式としてコワーキングスペース等が不可であるのは，このマイナンバーのような重要情報も取り扱うためです。

⑷　税理士もマイナンバー提示が必要

　税理士がマイナンバーを取り扱う一方で，逆に税理士自身もクライアントからマイナンバーの提示を求められる場面が出てきます。なぜかというと，クライアントは，税理士に報酬を支払った場合，その税理士のマイナンバーを記載した一定の支払調書を税務署に提出する必要があるためです。

　このとき，マイナンバーカードがあると，番号確認と身元確認が1枚でできます。また，自身の電子申告の利用申込みや税理士用電子証明書の取得の際にも，マイナンバーカードがあると便利です。

電子申告は必ず送信完了を確認する

 税務申告書の提出方法には，紙で提出する方法と，電子申告による
甲斐　方法があると聞きました。電子申告は慣れていないので不安です。
どちらがいいでしょうか？
瀬井　国税庁は電子申告の普及を進めているし，便利だから，電子申告の
ほうがいいよ。

(1)　e-Tax, eLTAXとは

　税務申告書，届出書，申請書などの提出方法には，紙に印刷したものを提出する方法と，インターネットを通じて提出する方法があります。このうちインターネットを通じて提出する方法を電子申告といいます。電子申告システムには，国税に関するものと地方税に関するものがあります。

　まず，国税に関する電子申告システムは，国税庁による「国税電子申告・納税システム」といい，通称「e-Tax」（イータックス）といいます。

　次に，地方税に関する電子申告システムは「地方税ポータルシステム」といい，通称「eLTAX」（エルタックス）といいます。

(2)　紙提出のデメリット

　税務申告ソフトで作成した税務申告書を紙で印刷して税務署に提出する方法は，何となく安心感はありますが，電子申告に比べるとデメリットが多くなります。

　まず，紙に印刷するとき，提出用と控え用の2種類の印刷が必要です。法人税等の確定申告書の場合は枚数が多くなることもあります。

　また，提出方法には，郵送による方法と所轄税務署に持参する方法があり

ます。

　郵送の場合，意外に時間がかかります。送付状は入れなくてもよいですが，郵送用の封筒の他に切手を貼った返信用の封筒が必要です。返信用の封筒がないと控えが戻ってきません。郵送用の封筒，返信用封筒ともに宛先を手書きで記載するかラベルシールを作成して貼付します。また，返信用封筒には切手を貼りますが，控えの重量に対応する料金の切手を貼る必要があります。

　そして，封印して提出しますが，税務申告書は信書に当たるので「郵便物」（第一種郵便物）または「信書便物」として送付する必要があります。簡易書留で送付する場合は，郵便局に行って郵便料金を支払います。

　一方，所轄税務署への持参は，税務署との往復時間がかかりますし，所得税の確定申告の時期は混雑しますので，さらに時間がかかる可能性があります。さらに，控えについては，コピーするかスキャンして税理士事務所用のものを作成した上で，クライアントに送付する必要があります。

　これに比べると，電子申告の場合は，電子署名が完了すれば，送信ボタンをクリックするだけで所轄税務署に提出することができます。電子申告は，紙で作成した場合の時間とコストが不要になるので，メリットは大きいといえるでしょう。

⑶　送信が完了したことを必ず確認する

　このように，電子申告は紙提出よりもメリットがありますが，気をつけたいことがあります。それは，電子申告が完了したことを必ず確認することです。電子申告で送信したつもりがエラーになっていて送信できていない場合もありえます。

　税理士職業賠償責任保険の事故事例では，事前確定届出給与に関する届出書を電子データに変換したものの，e-Taxでの送信が未了であったため，損害賠償請求を受けた事例が紹介されています（2021年7月1日〜2022年6月30日版）。この事例は，送信自体を失念したのか，送信したつもりになっていたのかは不明ですが，必ず送信が完了したことを確認するようにしましょう。

㊺ 電子申告義務の大法人は資本金1億円超

甲斐 クライアントに資本金が1億円超の株式会社があります。この規模の会社は電子申告が義務と聞きました。やはり電子申告の普及促進が図られていますね。

瀬井 電子申告が義務化された法人は，電子申告によらないと無申告となってしまうんだ。だから，納税者も会計事務所も電子化に対応できるようにする必要があるね。

(1) 電子申告が義務となる法人とは

2020年（令和2年）4月1日以後に開始する事業年度（課税期間）から，一定の法人については電子申告が義務化されました。

対象となる税目は，法人税・地方法人税と消費税・地方消費税です。これらはe-TaxやeLTAXで提出する必要があります。

対象となるのは次の法人です（法人税法75条の4第1項，2項）。

---

① 内国法人のうち，事業年度開始の時において資本金の額等が1億円を超える法人

② 通算法人

③ 相互会社，投資法人および特定目的会社

消費税・地方消費税の場合は，上記に加え，国・地方公共団体も対象となります。

なお，この電子申告義務の対象となる法人について，国税庁のホームページでは「大法人」と記載されています。一方，法人税法では66条5項2号に

おいて「大法人」（資本金の額等が５億円以上の法人など）の定義があります。

　同じ用語で定義が異なるので，ややこしいですが，「平成30年度税制改正の大綱」の「六　納税環境整備」１(1)①の（注）で「「大法人」とは，内国法人のうち事業年度開始の時において資本金の額又は出資金の額が１億円を超える法人並びに相互会社，投資法人及び特定目的会社をいう」と記載されています。したがって，ここでも電子申告義務がある法人については「大法人」と呼ぶことにします。

(2)　期中で減資した場合の注意点

　株式会社等の資本金の額等の判定時期は，事業年度開始の時です。すなわち，事業年度開始の時において資本金の額等が１億円を超えていれば，その事業年度は電子申告が義務となります。

　そのため，期中で減資をして，期末時に資本金の額等が１億円以下となった場合も，その事業年度は電子申告義務があるので注意が必要です。

　なお，電子申告の義務が生じた場合は「e-Taxによる申告の特例に係る届出書」を，このように減資によって資本金の額等が１億円以下となった場合は「e-Taxによる申告の特例の適用がなくなった旨の届出書」の提出が必要です。この手続も忘れないようにしましょう。

(3)　財務諸表も定型フォームで提出

　電子申告の対象となる書類は，申告書および申告書に添付すべきものとされる書類のすべてです。そのため，財務諸表も電子で提出する必要があります。この場合の財務諸表は，使用できる勘定科目が決まっていて，独自の勘定科目は使用できないので注意が必要です。

　なお，会計ソフトからCSVを通して，電子申告ソフトに取り込むことはできますが，スムーズにいかないことや，むしろ時間がかかってしまうこともあります。１度入力すれば，次年度以後は繰越処理ができますが，初年度は時間がかかる可能性があるので，このような点も留意する必要があります。

㊻ e-TaxではPDFで提出できない書類がある

甲斐 法人税の確定申告をe-Taxで申告するとき,財務諸表はPDFで送信すればいいんですよね?

瀬井 いや,e-Taxでは財務諸表をPDFで提出することはできないんだ。PDFで提出可能な添付書類を確認しておいたほうがいいよ。

(1) 添付書類とは

　税務申告書を提出するとき,税務申告書のみを提出するだけでは完了しません。たとえば,法人税の確定申告書であれば,必ず貸借対照表や損益計算書なども一緒に提出する必要があります。これらの財務諸表がないと,税務署がその税務申告書をチェックするとき,どのような根拠をもって作成されたのかがわからないからです。会計監査を行ってきた公認会計士であれば,このことは理解できると思います。

　このように,確定申告書本体と一緒に提出する書類は添付書類と呼ばれています。

(2) 電子申告によって提出する場合の注意点

　この添付書類を電子申告により提出する場合にはルールがあります。

　まず,大法人の場合は添付書類も必ず電子申告により提出する必要があります。大法人とは,①内国法人のうち,事業年度開始の時において資本金の額等が1億円を超える法人,②通算法人および③相互会社,投資法人および特定目的会社をいいます。一方,大法人以外の法人においては,添付書類は電子申告,紙による提出のどちらも可能です。

　添付書類を電子申告により提出する場合は,PDF（国税庁では「イメー

ジデータ」と呼んでいます）で提出できる書類とできない書類があります。

　たとえば，「財務諸表」，「勘定科目内訳明細書」はPDFで提出することができません。これらは，電子データ（XML形式またはXBRL形式）で提出することが可能であるためです。通常，税務申告ソフトには，財務諸表や勘定科目内訳明細書を作成する機能がついていて，その電子データをe-Taxから送信できるようになっています。

PDFで送信できない書類の例	PDFで送信できる書類の例
• 法人税申告の財務諸表 • 勘定科目内訳明細書 • 所得税申告の青色申告決算書 • 譲渡所得の内訳書　　など	• 出資関係図 • 履歴事項全部証明書 • e-Taxで提出ができない別表

（出所）国税庁「添付書類のイメージデータによる提出についてよくある質問」

　なお，財務諸表の提出の実務ですが，「**45 電子申告義務の大法人は資本金1億円超**」でも説明したように，大法人は財務諸表も必ず電子データで提出しなければなりませんが，大法人以外の法人については，財務諸表を印刷して紙で提出している会計事務所が多いようです。理由は，データの取り込み時に変換ミスが起こるリスクがある，手入力した場合は入力ミスのリスクがあるためです。

(3)　郵送で送る場合の注意点

　財務諸表などの添付書類を紙で郵送して提出する場合は，簡易書留など追跡記録が残る郵便で送ることが望まれます。そのようにしておかないと，税務署などに届いたかどうかがわからないからです。

　また，宛先について，税務署に送る場合は，たとえば「法人税係」，「個人所得税係」，都道府県や市町村に送るときは，たとえば「法人県民税係」，「法人市民税係」といったように，正式名でなくてもよいので部署名を書いておきましょう。規模が大きい税務署や役所だと，部署名の記載がないと内部で行方不明になるおそれがあるからです。

税務代理権限証書は必ず提出する

 確定申告書に「税理士法第30条の書面提出有」という欄があり，「有」に丸をつけるかどうかが求められています。この書面とは何ですか？　必ず提出しないといけないのですか？

 「税務代理権限証書」のことだね。法人税，消費税などのすべての申告書，それに届出書や申請書などにも添付して提出する必要がある書類だよ。

(1)　税務代理権限証書とは

　税務代理権限証書とは，税理士が税務代理をする場合において代理権限を有することを証する書面であり，税務代理をするときは税務官公署に提出しなければならないとされるものです（法30条，施行規則15条）。

　確定申告書では「税理士法第30条の書面」という書き方がされていますが，その「書面」は，税理士法施行規則15条において「別紙第8号様式による税務代理権限証書」と定められ，様式も定められています。

　税務代理には，租税に関する法令に基づいて申告，申請，請求，届出，報告，申出，申立てを行う場合が含まれます（法2条1項1号，施行令1条の2）。すなわち，税理士がクライアントの税務申告書，届出書，申請書などの提出をするときには税務代理権限証書を添付しないといけないということです。また，法人税だけでなく，消費税，所得税といったすべての申告書等に添付する必要があります。

　なお，「税理士法第30条の書面提出有」という欄のそばに「税理士法第33条の2の書面提出有」という欄がありますが，「税理士法第33条の2の書面」は書面添付制度の場合の書面なので，これとは異なります。

⑵　税務代理権限証書の効果

　税務官公署の職員は，税務調査を行う場合，あらかじめ納税者に日時場所を通知しますが，税理士が税務代理権限証書を提出しているときは，併せてその税理士に対し，その調査の日時場所を通知しなければならないとされています（法34条1項）。

　つまり，税務代理権限証書を提出していない場合は，その税理士に税務調査の日時場所が通知されないということになります。

　次に，税務代理権限証書に，納税者への税務調査の事前の通知は，その代理人である税理士に対して行われることに同意する旨の記載があるときは，税務調査の事前通知は，代理人である税理士に対して行えば足りるとされています（法34条2項）。

　「同意する旨の記載」とは，税務代理権限証書の「調査の通知に関する同意」という欄にレ印が入っている場合をいいます。

⑶　税務代理権限証書は必ず提出する

　まとめると，①税務代理権限証書は必ず添付すること，②「調査の通知に関する同意」という欄にレ印を入れることがポイントです。これにより，税務署からの税務調査の事前通知は，クライアントには行かず，税理士のみにくることになります。

　クライアントにとっては，税務署から税務調査の事前通知の電話が直接くること自体が大きな負担となりますが，税理士のみにくれば，そのような負担をかけずに済むのです。

　税務代理権限証書の記載事項は，日付，税務署名のほか，自分の氏名，事務所住所・電話番号，所属している税理士会・登録番号，それにクライアントの氏名または名称，住所・電話番号といったところです。

　難しい文章を記載する欄はありませんので，税務代理権限証書は必ず提出するようにしましょう。

書面添付制度で監査の経験を活かす

 甲斐　確定申告書を見ると「税理士法第33条の２の書面提出有」という欄があります。これは何ですか？　提出する必要があるのですか？

 瀬井　書面添付制度の添付書面のことだね。簡単に言うと，この書面を添付することで，税務調査が省略される可能性があるんだ。提出は任意だから，提出しなくても問題はないよ。

(1)　「税理士法第33条の２の書面」とは

　確定申告書には，「税理士法第33条の２の書面提出有」という欄があります。この「税理士法第33条の２の書面」とは，いわゆる書面添付制度における添付書面のことです。

　具体的には，この書面を申告書に添付して提出すると，その納税者に対する税務調査において，納税者に税務調査の日時場所をあらかじめ通知する前に，税務代理を行う税理士または税理士法人に対して，添付された書面の記載事項について意見を述べる機会が与えられるというものです（法35条１項，税理士Q&A問４-１）。

　そして，この書面添付を行った場合，税務当局が事前に税理士から意見を聴取することによって疑問点が解消し，それ以上調査が必要ないと認められたときには，税務調査が行われないことがあります。ただし，書面添付制度は税務調査の省略を前提としているものではないことに留意する必要があります（税理士Q&A問４-３）。

　この書面添付は任意です。したがって，提出しなくても法令上の問題は全くありませんし，税務署からの印象が悪くなることもありません。

(2)　提出している税理士は多いのか？

　この書面添付を実施している税理士または税理士法人は多いのかというと，多くはないようです。そのため，税理士会は書面添付制度の普及を進めています。

　書面添付を利用していない理由として，一般的には，記載方法がよくわからないという理由が多いと思いますが，私の周囲では「業務によっては記載不要の項目もある」，「虚偽記載があると懲戒処分の可能性がある」という声がありました。

　書面添付制度は税務調査の省略を前提としているものではありませんが，提出することで税務調査が省略される可能性もあるので，利用の検討をしてもよいかもしれません。

(3)　監査調書の作成経験を活かせる!?

　この添付書面には，入手した資料に対する手続結果と自己の判断を多く記載することになります。会計監査の経験がある公認会計士は，監査調書を作成したときの経験を活かせると思います。

　気をつけたいのは，税理士は，納税者の行為の適正性を保証する立場にはないという点です。すなわち，添付書面は，税理士が税理士法１条に定める税理士の使命に基づいて「税理士自らが行った行為の適正性を説明する」（近畿税理士会「近畿税理士界」700号14面）書面となります。

　そのため，たとえば，「会社は，輸出免税売上げにつき，当該売上げの計上要件となる輸出許可書の保存を適切に行っている」という記載は適切ではなく，税理士自らが行った手続とその結果を記載する必要があります。たとえば，「会社が行った輸出売上全件について輸出許可書を閲覧し，会社が輸出許可書の保存を適切に行っていることを確認した」という具合です。

　このあたりも，調書レビューでいろいろと指摘された経験を思い出しながら，丁寧に記載していけばよいかと思います。

信用できるのは国税庁HPだけ

 甲斐 税務でわからないことをインターネットで調べているのですが，いろいろな情報があって混乱しています……。

 瀬井 国税庁のホームページを見ているかな。信用できるのは国税庁からの公式情報だけだよ。国税庁のホームページを見るべきだね。

(1) 信用できるのは国税庁の情報

　税務に関する情報は世の中にたくさん出ています。書籍や雑誌に加えて，昨今はインターネットで調べる人が増加しています。その他にも，多くのセミナーが開かれています。

　しかしながら，これらの内容が必ずしも正しいとは限りません。万が一，誤った情報に基づいて税務を進めてしまい，クライアントに損害が発生したとしても，それは自分の責任です。

　そのため，信用できる正しい情報をつかむ必要がありますが，信用できる正しい情報を発信しているのは国税庁のみです。税務の情報を調べる場合は，国税庁のホームページで探す必要があります。

(2) 国税庁のホームページのコンテンツ

　監査法人で勤務してきた公認会計士は，国税庁のホームページはあまり見たことがないという方が多いと思います。

　国税庁のホームページになじみがないと，どこに何が書いてあるのかよくわからないため面倒となり，どうしても他の税理士が書いているページを見てしまいがちです。そこで，まずは国税庁のホームページのどこに何が書いてあるのかを知っておく必要があります。

　以下では，国税庁のホームページの中で，税務において特に有用と考えられるコンテンツを紹介します。

① **新着情報**

　トップページに掲載されています。新しいコンテンツの掲載情報や税法の情報が掲載されています。

② **タックスアンサー**

　よくある税の質問に対する一般的な回答が掲載されています。説明文は条文や基本通達の文章がベースになっています。したがって，条文や基本通達にもあわせて目を通すとよいでしょう。

③ **質疑応答事例**

　国税当局において納税者からの照会に対して回答した事例等のうち，他の納税者の参考となるものを掲載しているものです。照会に係る事実関係を前提とした一般的な回答となっています。

④ **文書回答事例**

　事前照会に対する文書回答手続に基づいて回答した事例です。こちらはかなり個別的な事例と回答となっています。

⑤ **パンフレット・手引**

　パンフレットは，新しい制度ができたときによく作成されます。図表入りでわかりやすく説明されているので，概要をつかむときに有用です。また，手引は，参考書のようにかなり詳しく記載されています。

⑥ **特設サイト**

　インボイス制度や電子帳簿等保存制度といった新制度について，特設サイトが設けられることがあります。パンフレット，Q&A，紹介動画などが掲載されています。

⑦ **申告・申請・届出等，用紙（手続の案内・様式）**

　法人税，消費税，所得税等に関する申告書，申請書，届出書等の様式が掲載されているページです。この様式には記載要領等が記載されています。記載方法で迷った場合は，この記載要領等で確認することができます。

⑤⓪ 日税連HPにあるひな型を活用する

 甲斐 業務契約書を作成するにあたって，どこかによいひな型がないか探しています。

 瀬井 日税連の会員専用ページ内にひな型があるよ。他にも各種ひな型や，「業務および事務所の管理のためのシート」なども掲載されているので，日税連のページは大いに活用すべきだね。

(1) 日税連のホームページの構成

日税連はホームページを公開しています。

誰でも見ることができる一般用ページと，税理士でないと見ることができない会員専用ページが分かれています。

税理士の場合は会員専用ページを使用することがほとんどで，一般用ページを使う機会はあまりありません。一般用ページで使う機会があるとすると「税理士用電子証明書の発行」くらいでしょうか。

これまでに説明したように，税務を行うにあたっては電子申告を行えるようにしておく必要があります。そのためには税理士用の電子証明書が必要です。このページには税理士用の電子証明書の発行手続の案内が記載されています。税理士は，この案内に従って，税理士用の電子証明書を取得することになります。

次に，会員専用ページですが，こちらには，「データライブラリ」，「税理士の専門家責任を実現するための100の提案」，「日税連会報『税理士界』」といったコーナーがあります。

この3つのコーナーには，税務に役立つ情報や資料が掲載されているので，ぜひ活用すべきです。

⑵　ひな型やチェックシートを入手するには？

　業務に役立つ各種ひな型やチェックシートを入手するには，まず「データライブラリ」というコーナーが役立ちます。

　「データライブラリ」には，日税連の各部が作成した資料が掲載されていますが，業務に役立つ資料は「業務対策部」に多く掲載されています。たとえば，「マイナンバー対応ガイドブック，各種ひな型等」というコーナーには，「業務契約書」，「特定個人情報等の外部委託に関する合意書」のひな型などが掲載されています。

　実務では，これらのひな型をベースに各種書類を作成していくとよいでしょう。

　次に，「税理士の専門家責任を実現するための100の提案」というコーナーには，「本文」と「資料」が掲載されています。

　「本文」コーナーは，税理士法の注意点，事務所管理や顧客管理の注意点，損害賠償の注意点，法人税・所得税・消費税・資産税の実務の注意点などが掲載されています。

　「資料」コーナーは，「本文」に対応した各種ひな型などが掲載されています。ここからも業務に役立つ資料を入手することができますので，ぜひ活用すべきです。

⑶　「税理士界」にも目を通そう

　「税理士界」は毎月，税理士事務所に送られてくる新聞型の会報です。現物が郵送で送られてきますが，過去のバックナンバーが日税連ホームページに掲載されています。

　「税理士界」には，直近の日税連の取組みや，改正税法の概要，財務省や国税庁との討議内容などが掲載されています。「税理士界」を読むことにより，日税連，財務省，国税庁の方向性を知ることができます。業務を行うにあたって重要な情報なので，ぜひ目を通すことが望まれます。

51　各税理士会HPにあるひな型も活用する

甲斐　所属している税理士会のホームページを見るのは，研修ビデオを見るときぐらいでしょうか？

瀬井　それはもったいないね。各地の税理士会によってホームページの内容は違うけど，ここにも業務に役立つ資料やひな型が掲載されているよ。

⑴　各地域の税理士会のホームページ

　全国には15の税理士会があります。それぞれの税理士会がホームページを運用しているため，その内容は各税理士会によって異なります。日本公認会計士協会も地域会ごとにホームページが異なるので，このあたりは特に違和感はないのではないかと思います。

　自分が所属する税理士会のホームページのコンテンツしか見ることができないので，全国15の税理士会のホームページの内容を記載することはできませんが，ここでは私が所属する近畿税理士会のホームページについて，内容と利用法を紹介してみたいと思います。

⑵　近畿税理士会のホームページ

①　研修情報

　「研修情報」ページには，「研修受講管理システム」というページがあり，ここでマルチメディア研修を受講できるようになっています。ここには，各税理士会主催の研修と日税連の研修が掲載されています。

　近畿税理士会では，当会主催の研修は，原則としてすべてマルチメディア研修となりました。そのため，会場開催は行われていません。近畿税理士会

館内には収録スタジオがあり，そこで講義の収録が行われています。

　マルチメディア研修の形態も，各税理士会でさまざまです。近畿税理士会では，30分や1時間といった短時間の研修が増えてきています。

②　業務関連情報

　近畿税理士会のホームページでは，業務に役立つ資料が「業務関連情報」の中の「業務関連」というページに掲載されています。

　このページには，チェックリストやひな型などが掲載されています。日税連の「データライブラリ」に掲載されている資料だけでなく，税理士会独自のものもあります。

　このような資料をアレンジして作成すれば，ゼロから作るよりも効率的に自分の事務所で使える資料ができます。

　各税理士会のホームページにもこのようなページがあると思いますので，チェックしてみるとよいでしょう。

③　会務関連情報

　「会務関連」は，業務にあまり関係がない事項が多いので見る機会が少ないですが，どの税理士会のホームページにも「諸規定集」というページがあると思います。

　これは各税理士会の規程が掲載されたページで，この中に「綱紀規則」があります。「綱紀規則」は税務に関係するものなので，目を通しておくことが望まれます。

④　広報・会報紙

　近畿税理士会の場合は，このページに，会報誌である「近畿税理士界」のバックナンバーがPDF形式で掲載されています。

　会報誌にも実務に役立つ情報が掲載されているので，デジタルの形で保存し，活用するのも一法でしょう。

　そのほか，税理士会からの電子メールもチェックしましょう。税務情報，会務情報，研修情報などが送られてきます。特に，税務情報については国税庁や国税局からの案内もきますので，見逃さないようにしましょう。

(52) 決算書は会計ソフトから直接作成する

甲斐　クライアントから「決算書も作ってほしい」と言われました。監査は経験してきましたが，決算書を作成するのは初めてです。

瀬井　決算書は，見るのと自分で作成するのとでは違うからね。特に，会計ソフトから直接作成しない場合はミスしやすいので要注意だね。

(1) 決算書の作成を依頼されることもある

　監査法人のクライアントは，ほとんどが上場企業で，決算書（財務諸表）を自社で作成できるレベルです。

　しかしながら，税務のクライアントは，多くが中小企業や個人事業主です。もちろん，自社で決算を組んで決算書も作成できるところもありますが，そこまで至らないクライアントが非常に多いのが現実です。

　そのため，クライアントによっては，自社で記帳はしているものの，決算書の作成を顧問税理士に依頼してくるところもあります。

　監査法人で会計監査を行ってきた公認会計士は，決算書を見ることには慣れています。また，中小企業や個人事業主の場合は，会計上の見積りに関する科目も少なく表示や開示は複雑ではないので，上場企業の財務諸表と比べるとかなり簡素なレベルです。

　そのため，一見すると，税理士として決算書の作成を依頼されても，それほど大きな問題はないように見えます。

　しかしながら，決算書の作成は，実際に自分で行ってみると，スムーズにいかないことが意外に多いです。

(2)　会計ソフトから直接作成する場合の注意点

　決算書を作成する方法は，①会計ソフトで直接作成する方法と②会計ソフトのデータの数値をExcel等で作成された独自様式のフォームに入力して作成する方法があります。

　まず，①の方法の注意点は，使用している会計ソフトのレベルです。会計ソフトによっては，たとえば，貸借対照表の貸借バランスが合っていないにもかかわらずエラーメッセージが出ないというものもあります。会計ソフトの機能を使って決算書を作成するときは，必ず会計監査と同じように合計チェック，表示等のチェックを行うようにする必要があります。このあたりは会計監査の経験を活かすことができるでしょう。

(3)　会計ソフトで作成しない場合の注意点

　一方，②の方法の場合は，入力ミスや転記ミスが発生するリスクがあるので注意が必要です。そもそも，なぜクライアントが会計ソフトから決算書を作らず，別様式にするのかというと，絶対的な理由があるわけではありません。

　よくクライアントの経理担当職員から聞くのは，「会計ソフトで作成した様式にすると，上司が『これまでとは違う様式なので見にくい。これまでと同じ様式にしてくれ』と言っているので……」，あるいは，「私も会計ソフトで決算書を作成したいのですが，これまでの担当者がExcelで作成してきたので，私の一存で変えることはできず，何となく……」といったものです。

　上記のように，会計ソフトの数値を別様式のフォームに入力すると，入力ミス等が発生するリスクがある上に，余分な時間がかかります。決算書は会計ソフトから直接作成するべきなのです。

　もし，クライアントが②の方法で作成している場合には，入力ミス等により適正な決算書が作成されないリスクがあることを説明して，①の会計ソフトから直接作成する方法に変更するよう指導するのがよいでしょう。

53 契約初年度は時間がかかる

甲斐　見込み客から法人税の確定申告の業務依頼を受けました。しかし，税務申告ソフトに前事業年度の数値が入力されていないので，入力が大変です……。

瀬井　契約初年度だと，当然のことながら繰越処理はできないからね。通常の年度よりも時間がかかるから，それを考慮したスケジュールを組んでおくほうがいいと思うよ。

(1)　契約初年度は時間がかかる

　契約初年度は，確定申告書を完成させるまでに時間がかかります。もちろん，法人税だけでなく，消費税や所得税など他の税目についても，契約初年度は通常の年度よりも時間がかかりますが，法人税については，とりわけ時間がかかる傾向が強いので，申告期限までに間に合うよう，スケジュール管理には十分注意する必要があります。

(2)　時間がかかってしまう作業とは

①　税務申告ソフト

　独立開業後，税務を行うために税務申告ソフトを購入すると思いますが，そのソフトの使い方がよくわからないため，まず，ここで時間がかかります。

　また，税務申告ソフトは，ある箇所に入力すれば，関係する他の別表にも数値が反映される便利なものです。特に，別表の中でも作成が難しい別表五(二)に自動的に数値が反映されるので，手作業で作成するよりも圧倒的に便利です。

　しかしながら，このとき数値を反映させるために，どこに入力すればよい

のかが，使い慣れていないとわかりません。こうして，数値の入力時にも時間がかかってしまいます。

② 別表の前期数値入力

　法人税申告書の別表を作成する場合，契約初年度だと前期数値が入力されていません。前期数値が入力されていれば，繰越処理ができますので，自動的に前期数値が反映されます。しかし，契約初年度は，自分で入力していく必要があります。

　別表を具体的に挙げると，別表五(一)，五(二)，七(一)，償却超過額がある場合は別表十六(一)，十六(二)，十六(八)といったところでしょうか。ものすごく時間がかかるというものではありませんが，前期の確定申告書を見ながら手入力していく作業は，結構面倒ですし，入力ミスのリスクもあります。

③ 勘定科目内訳明細書

　勘定科目内訳明細書も，契約初年度だと白紙の状態から作成することになります。前事業年度に電子申告したものであれば，控えをPDFで入手し，コピー＆ペーストして進められるのでまだよいですが，そうでなければ，自分で入力していく必要があり，時間がかかります。

　なお，令和6年3月1日以後終了事業年度用から，インボイス制度導入に伴い，登録番号または法人番号を記載した場合は，名称（氏名），所在地（住所）の記載は省略できるようになりました。

④ 電子申告義務がある「大法人」の場合のデータ取り込み

　「45 電子申告義務の大法人は資本金1億円超」でも説明したように，大法人の場合は財務諸表も電子提出する必要があります。財務諸表の内容は，会計ソフトのデータからCSVを通して電子申告ソフトに取り込むことが可能ではありますが，この取り込みがなかなかスムーズにいかないことが多いのではないかと思います。

　そうなると，手入力せざるを得ませんが，これも結構時間がかかりますし，やはり入力ミスのリスクがあります。大法人との契約初年度は，この点も考慮する必要があります。

(54) 法人事業概況説明書は手を抜かずに作る

甲斐　「法人事業概況説明書」という書類は，法人税の確定申告時に添付しなければいけないのですか？

瀬井　添付が必要だよ。重要性が低い書類のように見えるけど，記載内容は税務署が見るわけだから手を抜かないようにね。

(1)　法人事業概況説明書とは

　「法人事業概況説明書」とは，法人が法人税等の確定申告を行うときに添付する書類で，法人名のほか，事業内容，決算書の主要科目の金額，月別の売上金額等，当期の営業成績の概要などを記載する書類です。この法人事業概況説明書は，確定申告書に添付して提出する必要があります。

　通常の税務申告書作成ソフトであれば，法人事業概況説明書の作成もできます。しかしながら，税務申告書作成ソフトで，記載方法の注意点が明示されているものはあまりないと思いますので，国税庁のホームページに掲載されている「法人事業概況説明書の記載要領」（以下「記載要領」といいます）で確認するようにしましょう。

　法人事業概況説明書に記載する金額は，基本的に千円単位（千円未満切捨て）です。ただし，「取引金額」欄は百万円単位（百万円未満切捨て），「源泉徴収税額」欄は円単位で記載します。

　初めて作成するとき，いきなり作り始めると，「四捨五入？　切捨て？どっちだろう？　まあ，どっちでもいいや」と勝手に判断してしまう方がいるかもしれませんが，このようなルールは「記載要領」に明記されています。細かいことかもしれませんが，丁寧に入力しないと，クライアントによってはクレームがくるおそれがあります。

(2)　手を抜かずに記載しよう

　法人事業概況説明書は，所轄税務署が必ず見ますので，手を抜かずに丁寧に記載する必要があります。

　会計監査を行ってきた公認会計士であれば，チェックする立場になった場合，このような書類において記載すべきところに空欄があると，「何か見られたくない理由があるのかな？」と疑念を持つと思います。そして，その理由を経理担当者に質問したくなるでしょう。税務署の担当者に同じような疑念を持たれないように，法人事業概況説明書は，正確に漏れなく記載するようにしましょう。

　空欄になりがちな項目の１つに，最終項目の「当期の営業成績の概要」があります。「記載要領」では，「経営状況の変化によって特に影響のあった事項，経営方針の変更によって影響のあった事項などについて具体的に記載してください」と記載されています。具体例としては，当期の営業成績の増減理由や，通常の事業年度とは異なるイレギュラーな取引があればその取引の金額や内容が挙げられます。

(3)　調査課所管法人は「会社事業概況書」

　法人事業概況説明書は税務署所管法人用の書類となります。一方，調査課所管法人は「会社事業概況書」の作成が必要です。

　原則として，資本金１億円以上の法人は調査課所管法人となりますので，提出書類を誤らないよう注意する必要があります。

　記載内容は，法人事業概況説明書とそれほど異なりません。会社事業概況書では，法人事業概況説明書のような月別の売上金額，仕入金額等の欄はありませんので，この記載のための資料の準備や記載時間は不要となります。

　一方，子会社等の状況，ICTの概要，海外取引等の概要，外国法人，通算（連結）子法人については，それぞれ１ページ分の記載が求められています。

　なお，会社事業概況書では，記載する金額は百万円単位となります。

⑤⑤ 月次決算は現金主義が多い

甲斐　法人のクライアントの月次試算表と仕訳を見たのですが，現金主義なんですよ……。

瀬井　税務のクライアントだと，月次決算は現金主義でやっているところが多いね。このあたりは上場企業とは違うところだね。

(1) 税務会計の実態

　税務では，小規模な会社等がクライアントになることが多くなります。このような会社等では，月次決算を発生主義で行っているところは多くはありません。つまり，期中は売上取引，仕入取引，経費の計上を現金主義で行い，期末時だけ，売掛金，買掛金といった勘定を計上し，年次ベースで発生主義にするというわけです。

　もちろん，月次決算を発生主義で行わなければならないという会計ルールはないので，現金主義でも問題はありませんが，監査法人で上場企業の会計監査を行ってきた公認会計士は，これを初めて見ると驚くかもしれません。

　月次決算を行っていればまだよいほうで，そもそも月次決算すら行っていない会社等もあります。このような会社等でよく見られるのは，会計ソフトへの期中取引の入力がすべて終わっていないまま期末決算を迎えてしまい，期末決算時にまとめて期中取引の入力を行うというケースです。このようなケースでは，決算が締まるのが遅くなるため，決算書や確定申告書の作成も期限ギリギリとなってしまいます。

(2) 月次決算を現金主義で行う場合の問題点

　以上は，会社等が自社で会計処理をしている場合ですが，会計事務所が記

帳代行を行う場合も，月次決算を現金主義で行っているケースが多く見られます。なぜかというと，そのほうがラクだからです。

　しかしながら，月次決算を現金主義で行うと，次のような問題点があります。

① 　売掛金が回収できているのかを把握しにくくなる

　現金主義の場合，入金時に売上計上するので，売掛金が毎回全額回収できているのかがわかりにくくなります。

② 　支払利息が12ヶ月分にならないときがある

　借入金の返済日が月末で，期末日が休日の場合，翌月の営業日に借入金と支払利息が金融機関の口座から引き落とされます。このようなとき，発生主義であれば支払利息は12ヶ月分が計上されるところ，現金主義では11ヶ月分あるいは13ヶ月分の計上となってしまう事業年度が出てきます。

③ 　月次発生額を把握できない

　現金主義で計上している場合，月次推移表を作成すると，その事業年度の最初の月に計上されない科目が発生することがあります。このようになると，法人事業概況説明書の月別金額を作成するとき，各月の計上額に偏りが出てしまいます。

(3)　IT化促進で改善を

　独立してこのような会計処理を見ると，大変驚くことでしょう。しかし，小規模な会社等だと，発生主義で月次決算を行う時間的余裕がないのが実情です。そのため，いきなり月次決算を発生主義で行うように指導しても，逆にクライアントが混乱する可能性がありますので，段階的に改善するほうがよいと思います。

　近年は，クラウド型の会計ソフトが増えてきて，会計事務所がインターネット上で記帳を行うこともできるようになっています。一部を補助入力する形で，会計事務所主導で月次決算を発生主義に修正していく方法も考えられます。

$\left(56\right)$ 中小指針・中小要領と会計は違う

 税務のクライアントとなるような中小企業も，企業会計原則をはじ
甲斐 めとした企業会計が適用されるのでしょうか？

瀬井 中小企業に対しては，「中小企業の会計に関する指針」や「中小企
業の会計に関する基本要領」が用意されているよ。これらには中小
企業が拠るべき会計処理や注記等が示されているんだ。

(1) 「中小企業の会計に関する指針」とは

　中小企業の会計に関する指針（中小指針）は，中小企業が，会社法上の計
算書類の作成にあたり，拠ることが望ましい会計処理や注記等を示すもので，
2005年8月に公表されました。

　企業会計原則をはじめとした企業会計は，主に上場企業を対象としたもの
で，中小企業の会計にはなじまない面がありました。また，中小企業では，
法人税法で定める処理が容認されるケースが多く（中小指針注1），それ以
外では，会社独自の会計処理も見られ，必ずしも統一した処理が行われてこ
なかったという経緯があります。

　しかしながら，このようなことは利害関係者の意思決定等に影響を与える
おそれもあるため，中小指針では，取引の経済実態が同じなら会計処理も同
じになるよう，企業の規模に関係なく会計基準が適用されるべきという考え
の下で（中小指針6），中小企業が拠ることが望ましい会計処理や注記等が
定められました。

(2) 「中小企業の会計に関する基本要領」とは

　一方，中小企業の会計に関する基本要領（中小要領）は，同じく会社法上

の計算書類を作成するための会計処理や注記等を示したものですが，中小指針よりも簡便なものとなっています。

　中小指針は，会社法において会計参与制度が設けられたことを受けて，特に会計参与設置会社を念頭に置いて制定されたという経緯がありました。また，中小指針は，国際会計基準の影響を受け，複雑化してきており，理解が困難になっているという面もありました。そこで，中小企業の経営者にとって理解しやすく，計算書類等の作成に過度な負担をかけないという考えの下で，中小指針よりも簡便な指針として中小要領が2012年に制定されました。

(3)　企業会計との違いを押さえる

　税務では，企業会計との違いを押さえておく必要があります。

　たとえば，中小指針にも会計上の見積りの規定がありますが，企業会計と比べるとその要件は緩やかになっています。

　例として，貸倒引当金を挙げると，原則的な算定方法は企業会計とほぼ同じですが，容認規定として「明らかに取立不能見込額に満たない場合を除き」，法人税法上の繰入限度額をもって貸倒引当金繰入額とすることができるとされています（中小指針18(3)②）。法人税法に基づくとなると，企業会計よりも適用される場面が限られてきますので，一般的にその計上額は少なくなります。

　このような企業会計との違いを押さえておかないと，企業に思わぬ負担をかけてしまうおそれがあります。

　日税連では「「中小企業の会計に関する指針」の適用に関するチェックリスト」や「「中小企業の会計に関する基本要領」の適用に関するチェックリスト」が作成されています。これらのチェックリストを作成することで，金融機関から有利な融資を受けることができたり，信用保証協会の信用保証率の割引を受けることができたりするなど，企業の資金調達に役立つ面があります。このあたりは，会計監査の経験が活きるところなので，積極的に活用するとよいでしょう。

57 会計上の見積りの理想と現実を感じる

 クライアントの決算書を見ていると，会計上の見積りを行っていない会社ばかりです……。

 法人税法では，会計上の見積りはほぼ否認されるから，実務では税務調整が必要なものは極力計上しない傾向があるよ。でも，だからと言ってそれでいいわけではないんだけどね。

(1) 税務では会計上の見積りは滅多に出てこない!?

　上場企業の会計監査で，会計上の見積りの監査を行った公認会計士は多いと思います。しかしながら，税務においては，中小企業者等の貸倒引当金（法人税法52条，措置法57条の９）を除いて，引当金，評価損といった会計上の見積りに関する科目を見ることはあまりありません。

　その理由の１つとして，法人税法が会計上の見積りによる損金算入を限定している点が挙げられます。というのは，会計上の見積りは主観的な要素が大きいため，無制限にその計上を認めてしまうと，所得を不当に減少させるおそれもあるからです。そのため，法人税法で損金算入が認められる引当金や評価損はかなり限定されています。

(2) 中小企業の現実

　もう１つの理由は，会計上の見積りによる費用・損失を計上すると，決算書の数値が悪化するだけで，法人税も消費税も減少しないからです。

　上場していない中小企業であっても，株式会社であれば，計算書類は会社法や会社計算規則に基づいて作成する必要があります。中小指針や中小要領でも，評価損や引当金といった会計上の見積りについて指針が示されてい

126

す。

　しかしながら，税務のクライアントとなる株式会社では，金融機関からの借入れがないと資金が回らない中小企業が多く見られます。このような中小企業の多くは経営成績がよいとはいえません。そのため，融資を受けるために，できるだけよい数値の決算書や試算表を提出したいと考えています。これは，経営成績が悪いと融資を受けられなくなる可能性があるためです。

　このようなクライアントで，たとえば棚卸資産の評価損や引当金繰入額を計上すると，売上総利益，営業損益といった数値がさらに悪化します。しかも，それらが損金の額に算入されても，ほぼ損金算入は認められませんので，法人税は減りません。また，これらの科目は消費税の課税要件を満たしませんので，消費税が減ることもありません。

　そうなると，決算書の数値は悪化する，税金は減らないということで，会社にとっては都合の悪いことばかりとなります。また，会計上の見積りを行わなくても法人税法上の問題はありません。そのため，税法が優先され，会社も税理士も，会計上の見積りを行わないというのが実態なのです。

⑶　経営者から反発されても

　こうした理由から，評価損などの計上を提言すると，経営者から反発される可能性が高くなります。いきなり指摘してしまうと関係性が悪化しかねません。しかしながら，実務に流されてしまっては粉飾決算にもつながりかねません。これは企業，金融機関双方にとってよくない結果をもたらすリスクがあります。

　会計上の見積りは，企業の財政状態や経営成績を適正に表すために必要なので，要件を満たしている場合は行うべきです。会社によっては経営者に悪い情報がもたらされず，現状を把握していないケースもありますが，経営のためには数値で現状を知る必要があります。

　会計上の見積りは公認会計士の得意とする領域です。丁寧に説明をしながら，中小企業の会計の改善を行うことが望まれます。

⑤⑧ 独自の「税務会計」の存在を認める

甲斐 クライアントが土地を売却したので、固定資産売却益を特別利益に計上したら、「雑収入に計上してくれ」とクレームがきました……。

瀬井 特別利益に計上すると目立つから、ということだろうね。実務ではあることだけど、中小指針、中小要領を遵守して適正な表示とするよう指導すべきだね。

(1) 実務で出てくる「税務会計」

「*56* 中小指針・中小要領と会計は違う」で、中小指針と中小要領を紹介しましたが、実際に税務の現場で、これらの会計指針に準拠した決算書が作成されているのかというと、必ずしもそうではありません。それどころか、会計指針や会計理論とはかけ離れた、独自の「税務会計」が出てくることがよくあります。

なぜなら、中小企業では税務申告書の作成が優先されて、主に法人税法で定める処理に基づいた会計処理が行われるためです。極論すると、法人税の計算が合っていればよく、会計処理は税金計算に影響がなければ問題ない、ということです。

(2) 固定資産売却益が雑収入？

そのため、たとえば、固定資産売却益は、損益計算書では原則として特別利益に計上すべきですが、「特別利益に計上したら目立つから」という理由で、営業外収益の雑収入に計上する実務が見られます。もちろん、これは表示の適正性という点で問題があります。

それにもかかわらず、このような実務が行われているのは、営業外収益に

計上しても，特別利益に計上しても，金額が適正に計上されていれば法人税
の計算には影響が出ないからです。

　なお，仮に固定資産売却益を雑収入に計上しても，勘定科目内訳明細書の
「⑦固定資産（土地，土地の上に存する権利及び建物に限る。）の内訳書」ま
たは「⑯雑益，雑損失等の内訳書」にその内容を記載しますので，税務署は
把握できます。また，融資を受ける際に，金融機関が決算書を見る場合でも，
通常，雑収入の金額が通常年度と比較して大きくなりますし，貸借対照表の
土地勘定も減少しますから，いずれにせよ判明します。

⑶　クライアントへの指摘の方法

　他に見られる「税務会計」の例としては，次のようなものがあります。

- 有形固定資産の減価償却費が計上されていない。
- 前払費用や長期前払費用が費用化されていない。
- 「法人税，住民税及び事業税」が，「租税公課」として販売費及び一般
  管理費に計上されている。
- 毎事業年度，同じ金額の貸倒引当金が計上されている。
- 賞与引当金が計上されていない。
- 計上すべき評価損が計上されていない。

　このような会計処理が行われてしまうのは，そのままでも，あるいは税務
調整をすれば，法人税の額が過少にはならないからです。

　もちろん，これらの例は，中小指針や中小要領に準拠していないので会計
処理としては不適切です。しかしながら，クライアントは長年，このような
会計処理に慣れてしまっていますので，いきなり指摘して修正すると，場合
によっては反論される可能性があります。そのため，中小指針や中小要領を
示しつつ，適正な決算書の作成が経営の健全化につながる旨を丁寧に説明し
ながら進めるとよいでしょう。

59 棚卸資産は監査の感覚で検討しない

甲斐
「在庫が滞留しているので評価損の計上を検討すべき」と指摘したら，社長から「そういうことは言わないでくれ。税金計算上問題はないはずだ」と反論されました……。

瀬井
法人税法では評価損を計上しなくても問題はないからね。ただし，中小指針，中小要領に基づいて考える必要はあるよ。

(1) 法人税法と評価損

法人税法においては，棚卸資産の評価損の計上が認められるケースはかなり限定されています。「57 会計上の見積りの理想と現実を感じる」でも説明したように，評価損は会計上の見積りであり，経営者の主観が入りやすく，恣意的な計上により所得の額を減少させることができてしまうからです。

また，評価損を計上しなくても法人税法において問題はありません。そのため，会計監査の感覚でいきなり評価損の計上を進言すると，クライアントは「なんで？」と戸惑ってしまう可能性があります。

(2) 法人税法の規定

ここでは，簡単に法人税法における棚卸資産の評価方法について説明します。

まず，法人税法では，棚卸資産の評価方法として，①原価法と②低価法が認められています（法人税法29条1項，同法施行令28条1項）。この評価方法は，納税地の所轄税務署長に届け出る必要があります（同法施行令29条2項）。この届出を行わず選定していない場合等は，最終仕入原価法による原価法となります（同法施行令31条1項）。

したがって，税務においては，届出書が出ているかどうか，出ていればどの評価方法を選定しているかを必ず確認する必要があります。実際には，届出書を出しておらず，最終仕入原価法による原価法としているケースが多く見られます。

また，棚卸資産の評価損は原則として認められず，災害による著しい損傷など一定の場合でないと計上できません（法人税法33条１項，２項，同法施行令68条１項柱書，１号，法基通９－１－４～９－１－６）。

⑶　中小指針と中小要領の規定

クライアントが法人税法上，原価法を適用している場合であっても，会計上は，以下の表に示す一定の場合には，評価損の計上を行います。しかし，税務上は損金算入が認められる可能性が低いので，クライアントとよく議論し，納得していただく必要があります。

中小指針	中小要領
「27．棚卸資産の評価基準」	「6．棚卸資産」
・期末における時価が帳簿価額より下落し，かつ，金額的重要性がある場合には，時価をもって貸借対照表価額とする。 ・次の事実が生じた場合には，その事実を反映させて帳簿価額を切り下げなければならないことに留意する必要がある。 ①　棚卸資産について，災害により著しく損傷したとき ②　著しく陳腐化したとき ③　上記に準ずる特別の事実が生じたとき	・時価が取得原価よりも著しく下落したときは，回復の見込みがあると判断した場合を除き，評価損を計上する。 ・たとえば，棚卸資産が著しく陳腐化したときや，災害により著しく損傷したとき，あるいは，賞味期限切れや雨ざらし等でほとんど価値がないと判断できるものについては，評価損の計上が必要と考えられる。

なお，税務では，会計上の評価損は，当期は全額損金不算入とし，翌期に全額認容減算するという洗替処理を行うと税務調整を進めやすくなります。

⑥⓪ 固定資産の減損はほぼ出てこない

甲斐　営業損失の計上が続いているクライアントがあるので，固定資産の減損の検討を提言しようかなと思っています。

瀬井　中小指針では，固定資産の減損の適用場面はかなり限られているよ。企業会計とは手続が違うから説明は慎重にね。

(1)　法人税法と固定資産の減損

　「**59** 棚卸資産は監査の感覚で検討しない」で説明したように，資産の評価損は原則として認められず，固定資産においても，災害による著しい損傷など一定の場合でないと評価損の計上は認められません（法人税法33条1項，2項，同法施行令68条1項柱書，3号，法基通9－1－16～9－1－17）。

　固定資産の減損は，この法人税法で定める一定の場合に該当しませんので，損金の額に算入することはできません。したがって，もし固定資産の減損損失を計上した場合は，損金不算入となり，別表四で加算することになります。

　固定資産の減損損失は，減価償却費の償却限度超過額となりますから，建物など減価償却を行う固定資産については，翌事業年度以後，会計上の帳簿価額と税務上の帳簿価額との差額の減少に応じて，この償却限度超過額を認容減算していきます。一方，土地のような減価償却を行わない資産は，会計上の帳簿価額と税務上の帳簿価額の差額は変わりませんので，その土地を売却するなど一定の場合に認容減算します。

(2)　中小指針における固定資産の減損

　減損会計基準では，減損会計の適用の要否において，減損の兆候の判定，減損損失の認識の判定，減損損失の測定という手順を踏みますが，中小指針

では，その技術的困難性等を勘案し，企業会計と比べて簡便的な手続となっています（中小指針36）。

すなわち，資産の使用状況に大幅な変更があった場合に，減損の可能性について検討するとした上で，具体的には，固定資産としての機能を有していても次の①②のいずれかに該当し，かつ，時価が著しく下落している場合には減損損失を認識するとされています。

---

①　将来使用の見込みが客観的にないこと

　　資産が相当期間遊休状態にあれば，通常，将来使用の見込みがないことと判断されます。

②　固定資産の用途を転用したが採算が見込めないこと

「かつ，時価が著しく下落している場合」とされていますので，時価の著しい下落が必須の要件となっています。しかし，固定資産の時価が著しく下落することはそれほどないので，中小指針の下では，減損会計が適用されるケースは少ないものと考えられます。

そのため，税務において中小指針を適用するクライアントがある場合，企業会計のような減損の手続は行いませんので注意が必要です。

(3)　中小要領における固定資産の評価替

中小要領にいたっては，「減損」という言葉すら出てきません。

中小要領では，固定資産について，災害等により著しい資産価値の下落が判明したときは，評価損を計上するという規定のみとなっています（中小要領8(6)）。例として，災害にあったような場合等予測することができない著しい資産価値の下落が生じる場合に，相当の金額を評価損として計上する必要があると説明されています。

このように，中小要領を適用する中小企業においても，企業会計のような減損の手続は行わないことになります。

61 注記の量は少なくてもおかしくない

甲斐 クライアントの注記を見ているのですが，かなり量が少ないです。これで大丈夫なんでしょうか？

瀬井 会社計算規則で，一定の会社については，一部の項目は注記を要しないと定められているんだ。注記の要否はしっかり確認しておこう。

(1) 中小企業の注記の量が少ない理由

　監査法人での会計監査において，計算書類や有価証券報告書の表示および開示の監査を経験した公認会計士もいらっしゃると思います。その中には注記の監査も含まれますが，上場企業等のような株式会社の注記は量が多くなり，時には，重要な後発事象の注記や継続企業の前提に関する注記といった質的重要性の高い注記の記載の要否について，クライアントと議論を交わされたこともあるかもしれません。

　それと比較すると，税務のクライアントとなるような中小企業の個別注記表は，非常に量が少ないものです。そのため，初めて中小企業の決算書の注記を見たときは驚かれるかもしれません。

　これは，会社計算規則において，会計監査人設置会社以外の株式会社（公開会社を除きます）や会計監査人設置会社以外の公開会社では，注記を要しない項目が規定されていることが理由です（計規98条2項）。

　しかしながら，作成すべき注記の量は少ないとはいえ，税務署に提出した届出書や申請書の内容と乖離が生じないよう，正確かつ丁寧に作成する必要があります。

　また，個別注記表も計算書類の一部を構成します。個別注記表が未提出だと税務署から問い合わせがある可能性もあるので，必ず作成して税務署に提

出するようにしましょう。

(2)　会社計算規則が求める注記

　中小指針83では，会社計算規則98条 2 項の規定が紹介されています。その
ため，注記については中小指針が独自に定めているものはなく，会社計算規
則に従うことになります。

　また，中小要領においても「会社計算規則に基づき，重要な会計方針に係
る事項，株主資本等変動計算書に関する事項等を注記する」とされており
（「14. 注記」），中小要領に基づいた場合も，会社計算規則の規定に従うこと
になります。

　中小指針83では，①会計監査人設置会社以外の株式会社（公開会社を除き
ます）と②会計監査人設置会社以外の公開会社について，注記を要求される
項目と要求されない項目が一覧表になっていますので，参照するとよいで
しょう。

(3)　中小要領が求める注記

　中小要領「14. 注記」では，貸借対照表に関する注記として，「受取手形
割引額及び受取手形裏書譲渡額」を注記することとしています。これは，中
小企業では商慣習として手形取引がよく行われていることに鑑みたものと考
えられます。

　また，「「未経過リース料」についても注記することが望まれます」とされ
ています。これは，中小企業ではオペレーティング・リース取引が多く見ら
れることから，貸借対照表に現れない将来の会社の負担を示す必要があるた
めと考えられます。

　その他に，担保資産に関する注記の必要性についても触れられています。
大多数の中小企業は，金融機関の融資を受けており，その際，自社や社長の
資産（土地や定期預金など）を担保にしているケースが多く見られます。そ
のため，このような担保資産の注記も重要となります。

(62) 修繕費は会計と逆の発想になる

甲斐 クライアントから，施設の一部を直すたびに「先生，これは修繕費でよいですか？ 税務上，問題ないですか？」と問われます。なぜですか？

瀬井 修繕費となるかどうかの判定は，税務調査で頻繁に問題になるんだ。法人税の基本通達や質疑応答事例をよく調べておくといいよ。

(1) 修繕費は会計とは逆の発想

税務では，建物や設備といった固定資産について修理を行ったときの支出の処理がよく議論となります。

この論点は，会計監査でも収益的支出，資本的支出のどちらで処理すべきかといった論点があるので，公認会計士にとってもおなじみだと思います。

会計監査では，修繕費とすべきところを建物や建物附属設備といった資本的支出で会計処理している場合は，利益を恣意的に増加させていることになるので，建物や建物附属設備が増加している場合は，その支出内容を監査することになります。

しかし，税務では逆に，建物や建物附属設備といった固定資産の資本的支出とすべきところを修繕費として損金算入してしまうと，所得が減少し，法人税の減少につながってしまうので，税務調査では修繕費の内容が詳しく調べられます。

このように，会計とは逆の発想となるので注意が必要です。

(2) 法人税法における判定基準

修繕費とすべきかどうかという論点は会計監査でも出てくるので，公認会

計士の中には，法人税法の規定を参考にして監査上の判断を行った方もいる
かもしれません。

　修繕費となるのは，その固定資産の維持管理や原状回復のために要したと
認められる部分です。逆に，資産の価値を高め，またはその耐久性を増すこ
ととなると認められる部分に対応する金額は資本的支出となります（法基通
7－8－1）。税務でも，まずここが基本となります。

　しかし，一方で少額（20万円未満）や周期の短い（おおむね3年以内）費
用は損金算入が認められます（法基通7－8－3）。また，資本的支出か修
繕費かが明らかでない金額がある場合は，60万円未満または前期末の取得価
額のおおむね10％相当額以下であるとき等は損金算入が認められます（法基
通7－8－4～7－8－5）。

(3)　LEDランプ取替費用は修繕費

　このように，基本的には，その支出が維持管理や原状回復のためかどうか
という観点で判断していきますが，一見すると資産の価値や耐久性を増して
いるように見えても，修繕費となるケースもあるので注意が必要です。

　たとえば，LEDランプへの取替費用は，国税庁の質疑応答事例では「修
繕費として処理することが相当です」とされています。

　その理由について，国税庁は，「蛍光灯（又は蛍光灯型LEDランプ）は，
照明設備（建物附属設備）がその効用を発揮するための一つの部品であり，
かつ，その部品の性能が高まったことをもって，建物附属設備として価値等
が高まったとまではいえない」としています（「自社の事務室の蛍光灯を蛍
光灯型LEDランプに取り替えた場合の取替費用の取扱いについて」）。

　LEDランプは蛍光灯よりも節電効果があり，使用可能期間もかなり長い
ので，通常の公認会計士であれば即座に資本的支出と判断してしまうかもし
れません。しかし，このような例もあるので，自分の理論で判断せず，質疑
応答事例まで含めた国税庁の公式情報を漏れなく調べた上で判断するように
しましょう（「*33* 自分の理論は通用しない」参照）。

⑥ 給与のイメージを改める

甲斐　クライアントから「新型コロナが収まってきたようなので社員旅行を企画していますが，この内容であれば給与になりませんよね？」と聞かれました。社員旅行なのに何で「給与」なんですか？

瀬井　税法における「給与」は，「月給」よりも範囲が広いんだ。「経済的利益」という概念があるから，従業員や役員に対してお金が動くときは注意するほうがいいよ。

(1)　思わぬところで出てくる「経済的利益」

　税法における「給与」は，月給だけではありません。所得税法や法人税法には「経済的利益」という概念があって，イメージするよりも範囲は広いものとなります。

　もっとも，公認会計士は，公認会計士試験や修了考査で所得税法や法人税法を学習する中で経済的利益についても学んでいます。そのため，経済的利益について全く知らないということはないはずですが，試験が終わると忘れてしまう方も少なくないと思います。

　しかも，実際に実務を行っていくと，思わぬところでこの経済的利益が出てきます。そのため，気づかずに税務調査で「給与」と指摘されがちです。

　そうならないように，株式会社など法人の税務を行う場合は，税法における「給与」の範囲を知っておく必要があります。

(2)　会計処理に問題はないけれども……

　所得税基本通達には，「課税しない経済的利益」が36－21〜36－30まで規定されていますが，この通達は，ここに示した一定の要件を満たす場合は課

138

税しないということであり，逆に，その要件を満たさない場合は課税するというものです。

　所得税基本通達36-21～36-30に挙げられている事例には，たとえば次のようなものがあります。

---

　①　永年勤続者の記念品等…記念旅行，観劇，記念品など
　②　創業記念品等…創業○周年記念などの記念品
　③　使用者が負担するレクリエーションの費用…懇親会の会食，社員旅行，社内運動会など

　このような支出はよくあるもので，また，消耗品費，福利厚生費，旅費交通費といった勘定で処理されていれば，会計上の問題はありません。そのため，会計監査を行ってきた公認会計士は，これらの取引は金額も小さく，勘定科目が持つリスクも低いことから，特に問題がないものと考えてしまいがちです。

　しかしながら，このような費用を会社が支給・負担した場合，所得税基本通達に掲げられている要件を満たさないと，会計処理としては問題がなくても，税務上は支給対象者に係る「給与」とされて課税の対象となってしまうので注意が必要です。

(3)　「給与」とされてしまう場合の問題点

　給与として課税されると源泉所得税が発生しますし，消費税の処理も課税仕入れと認められなくなるので，修正申告が必要になってきます。また，過少申告加算税や不納付加算税も発生します。こうして，会社が従業員のために行ったことが思わぬ税負担を生む可能性があるのです。

　経済的な利益の供与については役員も同様で，その具体的なケースは法人税基本通達9-2-9～9-2-11に規定されています。

　従業員や役員のために何らかのお金や資産が動く場合は，給与や役員給与に該当しないかどうかを注意するようにしましょう。

⑥⑷ 寄附金のイメージも改める

甲斐　クライアントの子会社が業績不振なので，親会社が支援のため貸付けを行う予定ですが，経理担当者から「無利子は税務上まずいですよね？」と聞かれました。無利子で問題ないと思うのですが……。

瀬井　子会社等を再建する場合の無利息貸付け等については，一定の要件を満たさないと税務上は適正な利率との差額が「寄附金」として扱われるんだ。寄附金となると，必ずしも全額が損金算入されるとは限らないからね。無償や低額の取引には注意するほうがいいよ。

⑴　税務で出てくる寄附金

　寄附金の損金算入は，その支払いが行われることが要件となっています（法人税法施行令78条）。すなわち，現金や預金により支払われることが必要です。この論点は，公認会計士試験や修了考査の受験勉強で学んでいるので知っている方は多いと思います。

　そのため，寄附金というと，まず現金や預金により実際に支払われたものをイメージすると思います。たとえば，災害支援のための義援金，赤い羽根共同募金，ふるさと納税，公益法人の賛助会費……といったものです。

　しかしながら，寄附金には，現金や預金によって支払われたものだけでなく経済的な利益の贈与または無償の供与も含まれます（法人税法37条7項）。税務では，この経済的な利益の贈与または無償の供与も出てくるので注意が必要です。この論点も，受験勉強で学んでいるので，知らないということはないはずですが，実務で出てくると意外に気づかないことがあります。

(2)　子会社への低利または無利息の貸付け

　経済的な利益の供与で気づきにくい取引の１つに，子会社への低利または無利息の貸付けがあります。

　無利息の場合，会計の考え方だと，利息額は０円なので「仕訳なし」と考えることになります。しかし，法人税法の考え方だと，経済的な利益の供与，すなわち，親会社が子会社に対して寄附を行ったと考えます。

　たとえば，期首に子会社に対して10,000千円（１年で返済予定）の貸付けを行ったとします。また，適正な利率は２％とします。この場合の期末時の税務上の仕訳は，次のとおりとなります。

| （借方）短期貸付金 | 10,000 | （貸方）普通預金 | 10,000 |
| 　　　　寄　附　金 | 200 | 　　　　受取利息 | 200 |

　受取利息の相手勘定が寄附金となっていることが奇妙に感じるかもしれませんが，考え方は次のとおりです。

①　親会社が子会社に200千円を支出する。
| （借方）寄　附　金 | 200 | （貸方）普通預金 | 200 |
②　親会社は子会社から200千円を利息として受け取る。
| （借方）普　通　預　金 | 200 | （貸方）受取利息 | 200 |

　この①と②の仕訳を合わせたのが，税務上の寄附金の仕訳となります。

　ここでは，子会社に対する無償貸付けの例を説明しましたが，他の資産の譲渡や経済的な利益の供与をした場合に，その対価が時価と比較して低いときは，実質的に贈与または無償の供与をしたと認められる金額は寄附金となります（法人税法37条８項）。会計に携わってきた公認会計士は，税務に慣れないと，この論点に気づきにくいので注意が必要です。

⑥⑤ 債権債務の管理はできていない

> 👤 新しく契約したクライアントの社長から「ウチは売掛金をちゃんと
> 甲斐 回収できているのかね？」と聞かれました。世の中には債権管理を
> していない会社があるのですか？
>
> 👤 個人事業者に近い小規模な会社や中小企業の中には，そのような会
> 瀬井 社もあるのが現実だよ。だから，税理士が税金計算だけでなく，債
> 権債務の管理の指導も行っていく必要があるよ。

(1) 債権債務の管理の実態

　会計監査の対象となるクライアントは主に上場企業なので，通常は会社内
で債権や債務の管理を行っています。また，会計監査において監査法人は残
高確認を行います。これにより債権債務の実在性，網羅性，カットオフの適
正性を立証します。

　監査法人に勤務してきた公認会計士であれば，売掛金や買掛金の監査を
行ったことがあるでしょうし，内部統制の評価の一環として販売や購買のプ
ロセスで，債権や債務の管理手続の評価も行ったことがあるのではないで
しょうか。

　しかし，税務のクライアントになるような小規模な会社や中小企業におい
ては，必ずしも社内で債権や債務の管理を行っているとは限らないのが実態
です。特に，家族数名で経営しているような個人事業者に近い会社では，社
内で債権や債務の管理を行っているところは滅多にないと思います。

　また，会計事務所の側も，クライアントの債権や債務を把握して管理を
行っているような事務所は少ないのではないかと思います。

(2)　現金主義の弊害

　このようになってしまう原因の1つは，月次決算を現金主義で行っていることです。

　現金主義では，現預金の入金があったときに売上を，現預金の支出があったときに仕入れや経費を計上します。そして，期末時だけ売掛金や買掛金などを計上します。

　翌事業年度の入金時または支払時にその売掛金や買掛金などの消し込みを行うときには，回収漏れなどに気づく可能性はありますが，補助科目を設けないで売掛金勘定や買掛金勘定のみで処理していると，気づきにくくなります。

　このようになると，全額回収できていない売掛金があることに気づかないということもありえます。また，買掛金や未払金の月末残高を把握していないと，二重払いしてしまうということも起こりえます。

(3)　発生主義への転換を

　このように，税務のクライアントとなるような会社では，債権残高，債務残高が適正かというと，正直怪しい部分があります。

　しかしながら，会計事務所が残高確認を行うことは，現実には難しいといえます。そのため，適正な債権残高，債務残高を把握しようと思っても，煩わしくなりそのままにしてしまうということが起こりがちです。

　しかし，会計事務所は，決算書や税務申告書の作成を行うだけでなく，会社の手が回っていない債権や債務の管理もサポートすることが望まれます。上場企業の債権債務の管理を見てきた公認会計士にとっては，見方を変えれば，会計監査で培ってきた経験を活かせる場なのです。

　そのためには，手数と時間はかかりますが，売掛金や買掛金といった債権債務について補助科目を設けることや，月次決算で発生主義会計とすることを提言することが望まれます。また，ある程度の経理体制がある会社であれば，会社による残高確認の導入を提言することも考えられます。

正論だけで勘定科目を変えない

 甲斐　新聞代を「福利厚生費」で処理している個人事業者がいました。正しくは「新聞図書費」なので，勘定科目を変えようと思います。

 瀬井　たしかにそれは正しいことなんだけど，いきなり変えると必要経費の対売上高比率が変わってしまうので，クライアントとよく話し合って慎重にしたほうがいいよ。

(1)　あるべき勘定科目とは異なる勘定科目

　所得税のクライアントの1つである個人事業者は，簿記の知識が十分でない場合もあり，複式簿記で記帳していても，勘定科目が本来あるべき勘定とは異なっていることも少なくありません。

　冒頭の会話は，かつて私が実際に見た事例です。

　事業所の休憩室に数紙の大手新聞が置かれていたのですが，その事業者の経理担当者は，新聞代について新聞図書費で処理すべきところ，福利厚生費で処理していました。

　おそらく，最初に処理を行った経理担当者は，新聞は主に従業員が休憩室で休憩するときに読むものだから福利厚生に関する費用と考えて，福利厚生費にしたものと推測されます。

　記帳代行の場合，クライアントが振替伝票に手書きで仕訳を書いて会計事務所に送るケースや，日計表に日々の入出金と科目を手書きして会計事務所に送るというケースがあります。

　近年では，クラウド型の会計ソフトが増えてきていますが，この場合も，自動仕訳が行われていない取引については，クライアントが勘定科目を入力するケースもあります。

このように，クライアント側がある程度の会計処理を行う場合，本来あるべき勘定科目とは異なる勘定科目が使用されていることがあります。

⑵　比率分析で異常値が出る!?

このような場面に出会ったとき，おそらくほとんどの公認会計士は，正しい勘定科目に修正しようとするはずです。もちろん，それは当然のことですが，税務においては注意すべき点があります。

というのは，正しい勘定科目に修正すると，必要経費として計上した金額の対売上高比率が前事業年度と比較して大きく変化してしまう可能性があるからです。

これも昔のことですが，私は，上司だった国税OBの税理士に「税務署は比率を見るから」と教わりました。つまり，比率が変化すると，その科目に税務署が注目してしまうので比率は一定に保て，ということです。

この点は，公認会計士も会計監査で比率分析を行っているので，すぐイメージできると思います。会計監査でも単純な比率分析で異常な変動があれば，その理由について経理担当者に質問することになります。

そのため，私見ですが，所得税法上，必要経費として問題がないものであれば，極端な場合はともかく，勘定科目があるべきものとは若干異なっていても，いったんはその勘定科目を継続して使用することを考えるのがよいかと思います。

⑶　勘定科目を変更する場合

もちろん，修正すべきものがあれば修正して問題はありませんが，その際は無断で修正しないで，まずクライアントに説明することが重要です。

また，確定申告書提出時には，勘定科目を変更した旨を，決算書の「本年中における特殊事情」欄に記載しておくことが望ましいでしょう。もちろん，別紙でもよいと思います。事前に説明しておけば，疑念を持たれるリスクは減少するのではないかと思います。

ダメ元の家事費を見逃さない

甲斐 クライアントの中に，何でもかんでも必要経費に計上しようとする個人事業者がいて困っています……。

瀬井 たしかにそれは困るね。でも，家事費は必要経費にすることはできないから，説得して事業主貸勘定で処理してもらうべきだね。

(1) 事業に必要な費用か

　所得税の実務では，クライアントは事業所得者が多くなりますが，事業所得の金額は，その年中の事業所得に係る総収入金額から必要経費を控除した金額とするとされています（所得税法27条）。

　この必要経費に算入すべき金額は，①事業所得等の総収入金額に係る売上原価その他当該総収入金額を得るため直接に要した費用の額，および②その年における販売費，一般管理費その他これらの所得を生ずべき業務について生じた費用の額とするとされています（所得税法37条１項）。

　したがって，家事費を必要経費に入れることはできませんが，世の中には家事費と思われるものを，事業活動に何らかの関係があるとして必要経費に計上する事業者も少なからずいます。

　公認会計士は，会計事務所での勤務経験がないケースが多いので，所得税の実務において，必要経費の範囲を把握していない方もいるかもしれません。しかしながら，必要経費の範囲を誤ると，所得の金額を適切に計算できなくなるので，本当に業務に必要な費用なのかどうかを確かめる必要があります。

(2) ダメ元であげてくる!?

　記帳代行のうち，クライアント側が振替伝票や日計表を作成して会計事務

所に送ってくる形態や，クラウド会計でクライアント側が会計処理を行い会計事務所がチェックするような形態では，必要経費かどうか微妙な支出や，どう見ても家事費と思われる支出を費用として計上していることがあります。

クライアント側が本当に必要経費と思って計上しているのか，ダメ元で計上しているのかは不明ですが，この記帳代行の形態では，クライアントの処理に注意する必要があります。

以前の職場で，私が憶えているケースだと，家族4人計100万円超の海外旅行を「研修費」として計上してきたものがありました。また，自分の10万円超のメガネ代を消耗品費として計上してきたケースもありました。もちろん，これらは必要経費として認められず，事業主貸勘定となります。

クライアントには必要経費の要件を伝え，何でもかんでも必要経費に計上しないようにお伝えする必要があります。

特に金額が大きいと「66 正論だけで勘定科目を変えない」で説明したように，比率が大きく変わってしまい，税務署が注目してしまう可能性があります。そのため，このような場合はクライアントに説明した上で，自己否認していただくことになります。

⑶　前任者の処理が正しいとは限らない

他の会計事務所から引き継いだ場合も注意する必要があります。

たとえば，本来は家事費として事業主貸勘定で処理すべきところ，前任の税理士が必要経費に計上していた場合，「今まで必要経費にしているから，これでいいんだろう」と，前任者に倣って同様に必要経費としてしまうこともあるのではないかと思います。

しかし，会計監査でも同様ですが，前任者の処理が必ずしも正しいとは限りません。自己の判断に基づいて必要経費でよいのかどうかを確認するようにしましょう。

⑥⑧ 年末調整は考えてから引き受ける

甲斐　見込み客から「年末調整もお願いできますか？」と聞かれました。年末調整とは，年末に天引きされた源泉所得税が戻ってくるものですよね？

瀬井　まあ，たしかにそうだけど，年末調整業務はコスト，手間，時間を考えて引き受けるかどうかを決めるほうがいいと思うよ。

(1)　年末調整とは

　監査法人に勤務していた公認会計士は，年末になると12月の給与明細と一緒に源泉徴収票が手元に届いていたと思います。この源泉徴収票を見て，多くの方は1年間天引きされた源泉所得税の一部が戻ってきたことを確認していたのではないでしょうか。

　このように，毎月の給与から天引きされた源泉所得税の合計額と年間の給与総額に係る年税額は通常は一致しないため，その過不足を精算する必要があります。この精算手続が年末調整です。

　監査法人時代は給与所得者だったので経理部に年末調整をしてもらう立場でしたが，独立開業すると，今度は自分が年末調整を行うかもしれない立場に変わります。

(2)　年末調整を依頼されたら

　独立開業すると，法人税や所得税の申告業務の依頼者から，「年末調整もお願いできますか？」と言われる場合もあります。

　このとき，「いいえ」と言ってしまうと，①せっかくの契約をとれなくなってしまう，②調べてやれば何とかなるだろう，という考えが頭の中をめ

ぐり，「はい」と答えてしまう方もいるかもしれません。

　しかし，年末調整は，かなりの手間と時間がかかります。また，報酬とコストとの関係も考える必要があります。

　自分が年末調整業務を行ってみると，「経理部の人たちは大変だったんだな」とわかると同時に，感謝の気持ちが湧き上がることと思います。

(3)　年末調整にかかるコストと手間と時間

　会計事務所が年末調整業務を行う場合は，年末調整用のソフトを購入するのがよいと思います。手作業で進めると誤るリスクが高くなります。

　しかし，年末調整で得られる報酬は，一般的にはそれほど高くはありません。報酬の決め方は会計事務所によってさまざまです。毎月の顧問報酬に含むところもあれば，基本料金＋人数加算（1人当たり数千円×人数）というところもあります。

　そうなると，クライアントの数が少ないと，年末調整用ソフトの購入費を差し引いた利益はそれほどでもないという場合もあります。利益を増加させるためには，クライアント数を多くする必要があるのです。

　次に，手間と時間ですが，紙媒体で資料を集める場合，扶養控除等（異動）申告書や生命保険料控除証明書，国民年金の人は国民年金保険料控除証明書などの書類を入手する必要があります。しかし，これらの書類の提出が遅かったり，書類が誤っていたりして，なかなか進まないことがあります。

　一方で，源泉徴収票の発行は，通常は12月の給与の支払日までに間に合わせる必要がありますので，時間的に厳しくなることもあります。

　このように，年末調整は，一般的に見て，手間と時間がかかるわりに大きな利益は出ません。独立開業した当初で，1人で税務を行っている場合は，そのあたりを勘案して依頼を引き受けるかどうか判断するとよいでしょう。

　なお，近い業務分野として給与計算がありますが，こちらも手間と時間がかかります。給与計算のアウトソーシングを依頼された場合も，引き受けるかどうかをよく考える必要があるでしょう。

$\textcircled{69}$ 源泉所得税の実務を甘く見ない

見込み客から「源泉所得税の手続についてもお願いできますか？」
と言われました。何をすればいいのでしょうか？

一般的には，源泉所得税の納付書，法定調書，法定調書合計表の作
成と提出といったところかな。依頼内容を詳しく聞いて，どこまで
会計事務所がやるのかを確認しておくほうがいいよ。

(1) 源泉所得税の実務は何をするのか

　監査法人に勤務していたときは，給与所得者なので給与から源泉所得税が
自動的に引かれていました。いわゆる「天引き」です。そのため，源泉所得
税自体は知っていても，いざ引く側となると何をすればよいのかイメージが
できない方もいるかもしれません。

　しかし，税務においては，クライアントから源泉所得税の税務手続を依頼
されることもあります。源泉所得税に係る業務として会計事務所が一般的に
行っているのは，源泉所得税の納付書（所得税徴収高計算書）の作成と提出，
法定調書（源泉徴収票や支払調書など）の作成と提出，法定調書合計表の作
成と提出となります。このあたりの実務を知らずに，「源泉所得税もお願い
できますか？」と聞かれて，よくわからないまま引き受けてしまうと，後々
ややこしいことになります。

(2) 源泉所得税の納期限

　源泉所得税の納期限は，原則として源泉徴収の対象となる所得を支払った
月の翌月10日です。翌月10日までに納付書の提出と納付を行う必要があるの
で，短い時間で済ませなくてはなりません。

　一方，給与の支給人員が常時10人未満で納期の特例の承認を受けている場合は，以下が納期限となります。

- 1月から6月までの支払分：7月10日
- 7月から12月までの支払分：翌年1月20日

　納期の特例の対象となるのは，給与等および退職手当等，弁護士，司法書士，公認会計士，税理士，社会保険労務士といった士業に対する報酬・料金となります。なお，行政書士は除きます。

(3)　誰が納付を行うかを決めておく

　源泉所得税を納付するためには，(2)の期限までに納付書（所得税徴収高計算書）を作成する必要があります。書面で作成する場合，早めに作成してクライアントに送らないと，納期限までに納付できなくなるおそれがあります。

　現在は，e-Taxにより納付書を電子で作成・提出することができるようになりました。一方，納付については，e-Taxで納付書を提出した後，ダイレクト納付という口座引落しで行うことができますが，その納付についてクライアントが行うのか，税理士が代行するのかを明確に決めておく必要があります。税理士によるダイレクト納付の代行についてはトラブルのリスクがあり，日税連のホームページでも「税理士のための電子申告Q&A」第6章において，注意事項が記載されています。

(4)　法定調書と法定調書合計表

　法定調書とは，給与所得や退職所得の源泉徴収票や税理士等の報酬に係る支払調書などを指します。会計事務所が作成を代行する場合，これらの源泉徴収票や支払調書を作成し，クライアントに送るとともに，一定の要件を満たしたものについて1月31日までに税務署に提出します。

　また，法定調書合計表は，給与所得や退職所得，税理士等への報酬に係る法定調書について，人数や金額の合計を記載する表です。これも毎年1月31日までに税務署に提出する必要があります。

$\textcircled{70}$　消費税はとにかく恐ろしい

甲斐　消費税は課税区分を間違えなければ問題ないというイメージがあります。他に注意するところはありますか？

瀬井　いやいや，消費税は注意することばかりだよ。計算だけではないんだ。税理士に対する損害賠償請求で最も多いのが消費税の事案だからね。とにかくトラップが多いから，簡単に考えないようにね。

⑴　とにかく恐ろしい消費税

　もしかすると，消費税というと「10%をかければいいだけでは？」と思っている公認会計士がいるかもしれません。クライアントの業種によりますが，会計監査の現場では消費税の監査にそれほど時間をかけないのではないかと思います。

　しかし，消費税はそのような簡単な税目ではありません。税務の中で最もリスクが高いのが消費税です。

　消費税では，税理士が適切な手続をしていれば納税額がもっと少なかった，あるいは還付を受けることができたというケースが実際に発生しています。この納税額の差額や受けることができなかった還付額がクライアントの損害となり，税理士に対する損害賠償となる可能性が出てくるというわけです。

　これらの金額は，多額になることもあります。その損害賠償額が，税理士に襲いかかってくるリスクがあるのです。

⑵　選択ひとつで納税額が変わる

　「*8* 税理士職業賠償責任保険には加入する」で説明したように，税理士の損害賠償事例で最も多いのが消費税に関するものです。「100の提案」の「49.

損害賠償に注意‼」によると，特に多いのが以下の３点ということです。

- 消費税課税事業者選択届提出の提出失念
- 消費税簡易課税制度選択届出書の提出失念
- 消費税簡易課税制度不選択届出書の提出失念

届出書や申請書には提出期限があります。この提出期限を過ぎてしまうと税務署は受け付けてくれません。届出書や申請書の提出失念があると，納税者が有利になる処理を選択できなくなり，税金を多く納付しなければならなくなった，あるいはできたはずの還付を受けることができなくなったというように，納税者が損害を被る場合があります。

納税者が損害を被ることになった原因は税理士にありますから，結果として，その税理士は損害賠償請求されるというわけです。

(3) 消費税は計算だけではない

以上を見てみると，消費税は計算を正しく行うだけでは十分ではないということがわかると思います。もちろん，法人税や所得税にも同じことがいえますが，特にその傾向が強いのが消費税なのです。

「届出書や申請書の提出をなぜ忘れるのか？　しっかりしていないだけではないのか？」と思われるかもしれませんが，特に消費税関連の届出書は，翌事業年度の事業計画を先読みして提出しなければならないという複雑な面もあります。また，一般的に，会計事務所は職員の入れ替わりが多いものです。そのため，引継ぎができておらず，提出を失念したという事例もあります。さらに，新規クライアントの場合，前任税理士がどの届出書を出していたかを確認する必要があります。しかし，クライアントが税理士任せだった場合，届出書等の提出状況を把握していないことがあるのです。

これらの点は，日税連保険サービスの事故事例のパンフレットに目を通すとよくわかります。早い時期から事故の典型例を学んでおくとよいでしょう。

⑦¹ 消費税の届出書は厳格に管理する

甲斐　消費税は各種届出書の提出の失念が損害賠償請求につながる恐ろしさがあるということを理解しました。これを防止するためにはどのようにすればいいでしょうか？

瀬井　届出書の管理表を作成するなどして，事務所全体で管理することだね。日税連からは管理台帳のひな型が出ているよ。

⑴　届出書の提出を忘れると何が起こるのか

　消費税の届出書を失念した場合の恐ろしさについては前項で説明しましたが，それでは，それぞれの届出書はどのような場面で提出すべきで，それを失念するとどのような損害が発生するのかを簡単に見てみます。

①　消費税課税事業者選択届出書の場合の例

　資本金1,000万円未満で，基準期間の課税売上高が1,000万円以下である株式会社は免税事業者に当たりますが，たとえば輸出売上げを行っている場合，消費税の還付を見込めるときがあります。しかし，免税事業者のままでは還付を受けることができないので，消費税課税事業者選択届出書を提出する必要があります。

　これを失念すると，クライアントは消費税の還付を受けることができなくなります。こうして，本来受けることができたはずの還付額について損害賠償責任が発生します。

②　消費税簡易課税制度選択届出書の場合の例

　翌事業年度の課税売上げ，課税仕入れの金額予測を行い，原則課税方式よりも簡易課税方式で計算した消費税額のほうが少ないと予測される場合に，消費税簡易課税制度選択届出書を提出します。

　これを失念すると，クライアントは過大納付となって過大納付税額について損害賠償責任が発生します。

③　消費税簡易課税制度選択不適用届出書の提出失念

　消費税簡易課税制度選択届出書を提出した場合，消費税簡易課税制度選択不適用届出書を提出しないと，簡易課税が適用されてしまいます。

　たとえば，消費税簡易課税制度選択届出書を提出している事業者が，翌事業年度に建物を購入するなど，課税仕入れとなる巨額の設備投資を予定しているとします。この場合，原則課税であれば消費税の還付を受ける可能性が高くなりますが，このままだと，簡易課税が適用されてしまい還付を受けられなくなってしまいます。そこで，原則課税とするために消費税簡易課税制度選択不適用届出書を提出する必要があります。

　これを失念すると，クライアントは還付を受けられなくなり，本来受けることができたはずの還付額について損害賠償責任が発生します。

(2)　届出書管理表の作成の必要性

　届出書を期限（適用を受けようとする，または選択をやめようとする課税期間の初日の前日）までに提出することを失念すると，このような損害賠償のリスクが発生します。

　これを防止するためには，事務所で届出書の管理表を作成することが有効な手段となります。「100の提案」では，「資料集」のコーナーに「消費税届出関係管理台帳」が掲載されていますので利用するとよいでしょう。

　ただ，届出書の失念ミスは，前項で挙げたものの他にも，名称が似ているため，提出する届出書自体を誤る（たとえば，「消費税課税事業者選択届出書」と「消費税課税事業者届出書」）ということがあります。税理士がわかっていても事務所の担当職員が誤る可能性もありますので注意が必要です。

　なお，インボイス制度においては，免税事業者が登録日から課税事業者となる経過措置の適用を受ける事業者について消費税簡易課税制度選択届出書の提出に係る特例が設けられています（インボイスQ&A問10）。

⑫ インボイス制度の常識を知る

甲斐 「インボイス」という用語をよく聞きますが，監査でもインボイスという言葉を使っていました。要は請求書のことですよね？

瀬井 もちろん請求書も含まれるけど，消費税法では「適格請求書」といって，インボイス登録事業者でないと発行できないんだ。消費税の実務を行う上では重要だよ。

(1) インボイスとは

監査法人や監査チームによっては，請求書のことを「インボイス」と呼んでいるところがあります。しかし，消費税の世界では少し意味が異なります。

消費税法における「インボイス」も「請求書」のことではありますが，正しくは「適格請求書」といいます。この適格請求書は，適格請求書発行事業者（インボイス発行事業者）の氏名または名称および登録番号，適用税率，消費税額等など一定の事項が記載された書類（請求書，納品書，領収書，レシート等）をいいます（インボイスQ&A問1）。

インボイス制度（正しくは「適格請求書等保存方式」といいます）が導入されることで，わが国の消費税の実務が大きく変わると言っても過言ではありません。消費税の実務を行うにあたっては，インボイス制度について理解しておく必要があります。

(2) 免税事業者が減少する？

インボイス制度導入の大きなインパクトは，買手は，仕入税額控除の要件として，原則，インボイス発行事業者から交付を受けたインボイスの保存が必要になるという点です。つまり，インボイス発行事業者からインボイスの

交付を受けないと，買手は仕入税額控除ができないのです。

　逆から見ると，売手はインボイス発行事業者でないと，買手が取引に応じてくれない可能性があるということです。なぜならば，買手としては，仕入税額控除ができなければ納税額が増えてしまうからです。

　そうであれば，売手はインボイス登録をしてインボイス発行事業者になればいいではないか，と思われるかもしれませんが，ここに問題があります。なぜかというと，インボイス登録を受けることができるのは課税事業者に限られるからです。言い方を変えると，インボイス発行事業者になるということは，課税事業者になるということなのです。

　つまり，これまで免税事業者であった事業者も，インボイス発行事業者になるには，自己の選択により課税事業者にならなければなりません。免税事業者の多くは，課税売上高1,000万円以下の事業者ですが，課税事業者になると，これまで納税しなくてよかった消費税を納付しなければならなくなる可能性があるのです。

(3)　免税事業者からの仕入れに対する経過措置

　しかし，このままでは免税事業者に対する負担が一気に増すことから，経過措置が設けられています。

　その1つが，買手が免税事業者からの仕入税額相当額の一定割合を控除できるという制度です。期間と控除割合は以下のとおりです。

期　　間	割　　合
令和5年10月1日から令和8年9月30日まで	仕入税額相当額の80%
令和8年10月1日から令和11年9月30日まで	仕入税額相当額の50%

　また，令和5年度税制改正では「2割特例」が追加されました。これは制度開始後3年余り，免税事業者がインボイス発行事業者となる場合等は，納付税額を課税標準額に対する消費税額等の2割とすることができるものです。

　インボイス制度は，わが国の消費税実務における大改正です。独立する公認会計士にとってもインボイス制度は必須の知識なのです。

⑺ 自身のインボイス登録は開業時から行う

甲斐　クライアントから「先生はインボイス登録されるのですか？」と聞かれました。登録すると課税事業者となるので悩んでいます……。

瀬井　事業者になったのだから，インボイス登録をすべきと思うけどね。そうしないと，クライアントは仕入税額を全額控除できないし事務負担もかかる。繁盛していない事務所だと思われるおそれもあるよ。

(1) 課税事業者から「圧」がかかる!?

「72 インボイス制度の常識を知る」のとおり，インボイスの交付を受けないと，買手は仕入税額を全額控除できなくなります。

監査法人に勤務してきた公認会計士の中には，この論点についてピンとこない方もいるかもしれません。そこで，もう少しリアルに説明します。

2018年に開催された消費税軽減税率の研修での出来事です。終盤の質疑応答で，年配の公認会計士が，講師を務めていた大阪国税局の担当者に対して次のような質問をしました。

「インボイス制度になるということは，世の中から免税事業者がなくなるっちゅうことやな？」

担当者は「そこは何とも……」と回答に困っていましたが，さらに続けて，

「だってそうやろ？　課税事業者がワシのような免税事業者から請求書をもらったら税額控除できんさかい。そしたら『あんたのとこも課税事業者になってくれ』と言ってくるやろ？」

この年配の公認会計士の発言のように，独立した公認会計士も免税事業者であることを理由にインボイス登録しなかった場合，クライアントから課税事業者になることへの「圧」がかかってくる可能性があるのです。なお，課

税事業者が，取引先の免税事業者に対し，課税事業者になるよう要請すること自体は，独占禁止法上問題となるものではないとされています（「免税事業者及びその取引先のインボイス制度への対応に関するQ&A」Q7の6）。

(2)　課税事業者に対する礼儀!?

また，クライアント側は，インボイスが交付されないと仕入税額を全額控除できないだけでなく，会計ソフト入力時に経理担当者に事務負担がかかってしまいます。公認会計士・税理士であるにもかかわらず，自分のインボイス未登録により，クライアントの経理の事務負担の増加につながるとなると，申し訳ないことになってしまいます。ちなみに，ある有名な税理士は，ある研修時に「インボイス登録することは課税事業者に対する礼儀であると思います」と発言していました。

たしかに，インボイス登録をして課税事業者になると納税義務が発生しますが，公認会計士・税理士という立場上，クライアントの経理事務を考慮することも大事といえるでしょう。

(3)　経営戦略の観点からも

さらに，インボイス未登録だと，クライアントや見込み客は口には出さないものの，「この先生の事務所，儲かってないんじゃ……大丈夫かな？」と不安になる可能性があります。そうなると，営業にも影響が出てきます。

消費税の納税をスルーしたばかりに，将来の売上を逃してしまうと大きな機会損失にもなりかねません。経営戦略の観点からも，インボイス登録することが，クライアント獲得に有利に働く可能性はあります。

独立する公認会計士にとってインボイス登録の判断は難しいところではありますが，以上が判断基準になると思います。監査法人の非常勤職員（給与所得者）の業務がメインである場合は，インボイス登録は先でもよいかもしれませんが，基本的には独立開業時からインボイスの登録申請をすることを考えるのがよいのではないでしょうか。

⑦⑦ お金が動いたら消費税を意識する

 会計上は預り金と考えられるものについて，クライアントが収益計
甲斐 上していたので指摘したら，「消費税では「売上げ」ですよ」と反
論されました……。

 預り金，つまり消費税については，課税対象外のように見えて，実
瀬井 は課税の要件を満たしているということがあるからね。会計の考え
方で見てしまうと誤ることがあるので注意すべきだね。

(1) お金が動いたところは消費税に注意

消費税の落とし穴は計算にもあります。会計的な観点からは，一見，課税
対象外に見えるものの，実は課税の要件を満たしていて，課税の対象だった
ということが時々出てきます。

会計監査を行ってきた公認会計士は，会計の考え方で取引を見てしまいが
ちなので，消費税の課税関係には注意する必要があります。

ここでは，会計の観点で見ると，課税関係を誤りやすい論点について説明
します。

(2) テナントから領収するビルの共益費

テナントビルを運営している会社が，テナントから水道光熱費等を領収し，
その領収した金額から会社がテナントビルの水道光熱費を支払っているとし
ます。

会計の観点で見ると，このテナントから領収した金額は預り金のように見
えます。そのため，消費税については，預り金だから対価性がなく課税の要
件を満たさないとして，課税対象外と判断してしまうかもしれません。

⑶　国税庁の回答

　しかし，国税庁の質疑応答事例では，「テナントから領収するビルの共益費」というタイトルで，次の照会要旨が掲げられています。

　ビル管理会社等がテナントから受け入れる水道光熱費等の共益費等は，いわゆる「通過勘定」という実費精算的な性格を有することから，課税の対象外としてよいでしょうか。

　この照会に対して，国税庁は「課税の対象となります」と回答しています。すなわち，課税売上げとして計上する必要があるということです。

　ただし，次の要件をどちらも満たす場合は課税売上げに該当しないとしています。つまり，この場合であれば預り金となり，課税対象外となります。

①　水道光熱費等の費用がメーター等によりもともとテナントごとに区分されている。

②　ビル管理会社等がテナント等から集金した金銭を預り金として処理し，本来テナント等が支払うべき金銭を預かって電力会社等に支払うにすぎない。

　このように，会計の観点で見ると課税対象外に思える取引も，実は課税取引だったということがあります。基本的に，消費税の場合は，お金が動いたら課税取引かどうかを疑うとよいと思います。

　類似の論点に，会社が建物を社宅として借り上げ，従業員が負担する家賃を給与から天引きするというものがあります。この天引き分も一見すると預り金に思えますが，この場合は非課税売上げとなります。非課税売上げの計上漏れがあると，課税売上割合が変わり，消費税額も変わってしまいます。

　これらの論点は，公認会計士試験や修了考査の受験勉強の中で学んでいるかもしれませんが，他にも，課税関係を誤りやすい取引が実務には多数存在しますので，注意が必要です。

75 創業間もない企業は消費税に注意する

 甲斐　スタートアップ企業から税務顧問契約の依頼がありました。スタートアップの支援をしたかったのでうれしいです。

 瀬井　それはよかったね。でも，税務に関しては，新設の法人の消費税に十分注意が必要だよ。

(1) スタートアップ支援の落とし穴

　スタートアップの支援をしたい，スタートアップの会計・税務に携わりたいという公認会計士がよく見られます。もちろん，スタートアップ企業の増加は，わが国の経済の発展にも関係するので，スタートアップ支援を行う公認会計士が増えるのはよいことですし，ぜひ増えてほしいと思います。

　しかしながら，スタートアップのうち，新設の法人に携わる場合は注意が必要です。具体的には，消費税について判断と手続を誤ると，設立3期目に還付を受けられないことによる損害賠償責任のリスクが発生します。

(2) 設立3期目の落とし穴

① 設立1期目に簡易課税を選択した場合

　設立1期目が1年未満の会社で，1期目から簡易課税を選択した場合，設立3期目も簡易課税となるので注意が必要です。たとえば，設立3期目に設備投資などにより多額の課税仕入れが発生しても，この場合は，還付を受けられないことになります。

　なぜかというと，簡易課税をやめて原則課税にするためには，消費税簡易課税制度選択不適用届出書を提出する必要がありますが，この選択不適用届出書は，選択届出書を提出した翌課税期間の初日から2年を経過する日の属

する課税期間の初日以後でなければ提出することができないからです（消費
税法37条6項）。

②　資本金1,000万円以上の新設法人の場合

　一方，原則課税を適用している場合に，3期目に入り，基準期間の課税売
上高が1,000万円以下だとします。さらに，この3期目において，設備投資
などによる多額の課税仕入れが発生していて，還付を受けられるかもしれな
い状況だとします。このとき，還付を受けるためには，3期目が課税事業者
である必要があります。そのためには，3期目に入る前までに消費税課税事
業者選択届出書を提出しておく必要があります。

　このときの落とし穴は，資本金1,000万円以上の新設法人の場合の「うっ
かり」です。資本金1,000万円以上の新設法人の場合，小規模事業者に係る
納税義務の免除は適用されません（消費税法12条の2第1項）。したがって，
設立1期目，2期目は自動的に課税事業者となります。そのため，うっかり，
この会社は課税事業者と思い込んでしまい，消費税課税事業者選択届出書の
提出を失念してしまうというミスです。

　資本金1,000万円未満の新設の法人であれば，気づきやすいかもしれませ
んが，もちろん，この場合も注意が必要です。

⑶　インボイス制度導入で状況は変わる？

　新設のスタートアップの場合，このように，設立3期目の消費税の落とし
穴がありますが，上記⑵②の原則課税の落とし穴については，インボイス制
度の導入によって変わるかもしれません。それは，インボイス登録を行うに
は，課税事業者である必要があるためです。

　インボイス登録を行うには，原則として消費税課税事業者選択届出書を提
出して課税事業者になる必要があります（一定の経過措置があります）。設
立時にインボイス登録事業者になることを選択するということは，同時に課
税事業者になることを選択するということになるので，設立3期目の落とし
穴のリスクはかなり低くなるのです。

76 チームではなく1人でこなす

甲斐 監査のときはチームで科目分担して作業を行っていましたが，税務ではすべて1人でやらないといけないので大変ですね……。

瀬井 監査と税務の違いの1つだね。もちろん，スタッフが入ればチームでやることもできるよ。自分が集団行動向きか，それとも個人行動向きかを知っておくことも大事だね。

(1) 独立開業後は1人で何もかも

監査法人時代は，監査チームが組まれ，各スタッフが担当科目を割り振られ，役割分担して監査調書を作成する，というスタイルでした。

しかし，税務の場合は，チームではなく1人で作業を行うことが多くなります。もちろん，独立開業当初は，多くの場合，事務所にスタッフがいませんから，必然的に1人で行うことになります。

税務については，クライアントへの訪問日の決定，会計帳簿と資料のチェック，会計と税務に関する質疑応答，決算書の作成補助，税務申告書の作成，税務署への提出……といった一連の業務を1人で行います。

それだけでなく，見積書・契約書・請求書の作成，事務所の経理，購買，支払い……といった総務の仕事も自分1人でこなすことになります。

監査法人のときは，周りに助けてくれるスタッフがいましたが，独立開業すると助けてくれるスタッフはいません。このように，監査法人のときとはガラリと環境が変わるのです。

(2) わが国の会計事務所の特徴

わが国の一般的な会計事務所は，スタッフが何人もいる事務所でも，1つ

のクライアントに対して，1人のスタッフが担当するというスタイルがよく見られます。仮に，上司とスタッフの2人1組のチーム体制としていても，上司がスタッフに丸投げしてしまい，結局，チームになっていないということが多いように思います。

　そのため，各クライアントの税務相談，税務申告といった業務は，1人のスタッフの能力に依存することになります。ここで，会計監査のような調書レビューや審査のような品質管理が行われていればよいのですが，監査法人のようなレビューや品質管理を行っている会計事務所となると，かなり少ないと思います。

　それにもかかわらず，1つのクライアントに対して1人のスタッフが担当する体制となる理由に，税務では報酬単価があまり高くないということが挙げられます。税務顧問報酬は，監査法人が上場企業の法定監査を行うときの監査報酬と比べると，かなり少額となります。そのため，スタッフの単価も低くならざるを得ず，1つのクライアントに複数名を投入できないということになるわけです。

⑶　チーム作業の注意点

　このように，わが国の会計事務所は，税務をチームではなく1人で行っているところが多いですが，もちろん，監査のときのように数人のチームで行うことも可能です。チーム体制ができれば，報酬単価の高い案件を受注できるかもしれません。

　このときの注意点ですが，スタッフが数名いる会計事務所であれば，事務所内のメンバーでチームを組むことができるものの，開業して間もない場合はスタッフがいません。このとき，他の税理士とチームを組むと，「*18* アウトソーシングはやらない」で説明したように，業務懈怠と秘密を守る義務に抵触するおそれがあります（法37条，38条）。もし，他の税理士とチームを組む場合は，税理士法に抵触しないよう，共同代理方式で行うことが考えられます。

 **Column |**

何をしたら失敗するのか～「必敗法」を身につける

　税務はいたるところに落とし穴があります。どこで落とし穴にはまるかわかりません。

　落とし穴にはまらないための方策の1つは，あらかじめ，どこに落とし穴があるのかを知っておくことです。そのためには，事前の情報収集が大切です。

　この章では，税務を初めて行う公認会計士・税理士があらかじめ知っておくべき制度や誤りやすい点について説明してみました。法人税，消費税，所得税についても各論を紹介しましたが，もちろん税務の論点はこれだけではありません。ここで紹介した論点は，最低限のことなので，実務に臨むためにはもっと多くのことを学ぶ必要があります。

　そのとき，何をしたら失敗するのかという「必敗法」を身につけるとよいでしょう。この「必敗法」という言葉は，プロ野球で巨人が1965年から1973年まで9年連続日本一になったときのコーチだった牧野茂氏が提唱した言葉です。

　成功するときは運が味方することもあり，その要因は定かではないことが多いですが，失敗するときは必ず何らかの原因があります。そのような失敗につながる原因を取り除いていけば，自ずと成功に近づくというわけです。

　税務においても，事前に落とし穴を学んで，自分なりの「必敗法」を確立するとよいかもしれません。

第Ⅳ章 クライアント編

第Ⅳ章では，税務におけるクライアント対応の注意点について説明します。

税務のクライアントは監査のクライアントとは異なります。

また，税務と監査は業務内容が違うので，対応の方法も異なってきます。

そこで，クライアントとの良好なコミュニケーションを実現するために把握しておくべき，税務のクライアントの特徴と傾向を紹介します。

⟨77⟩ 契約書は必ず取り交わす

甲斐 実は，今までクライアントと契約書を作成せずに口頭で契約していたんです。これからは契約書を作成しようと思っているのですが，作り方がよくわかりません……。

瀬井 口頭はまずいね。書面による契約書を取り交わすべきだ。契約書を作成することで法律関係を明確化できるからね。

(1) 契約書は作成すべき

独立開業した後，クライアントとの契約に合意すると，業務契約を締結することになります。この契約においては，口頭での契約は極力避けて，契約書を作成することが望まれます。

独立開業すると，たとえば，知人や友人から所得税や法人税の確定申告書の作成の依頼を受けることがあります。このようなとき，よく知っている間柄なので，過度に信頼したり，あるいは契約書を交わすのは何となく失礼な感じが生じたりして，口頭での契約になってしまうかもしれません。

しかしながら，長年の交流があっても，将来何が起こるかわかりません。契約書を作成することで，トラブルや不公正な取引となることを防止できます。

もちろん，知人や友人だけではなく，紹介によって契約したクライアント，自分で獲得したクライアントも同様です。

(2) 契約書の作成上の注意点

税理士業務の契約書の作成の留意点を簡単に説明します。

税理士業務の契約書については，日税連のホームページにひな型が掲載さ

れています。契約書の作成にあたっては，このひな型をベースにするとよい
でしょう（「**50** 日税連HPにあるひな型を活用する」参照）。

　「100の提案」の「14－1．契約書を作っていますか」では，依頼者ごとの
事情に即した個別契約書の作成，業務の範囲の明確な表示，業務ごとの報酬
の明確な表示・支払時期・支払方法などについて言及されています。

　業務の範囲の記載は，責任関係を明確にする上で重要です。このとき，契
約書ひな型の「契約にあたっての留意事項」（注２）にあるように，「その他，
上記に付随する一切の業務」という表現は記載しないようにしてください。
このような表現をすると責任の範囲が広がってしまうからです。

　また，クライアントから，たとえば「年末調整もお願いしたいのですが」
と追加の業務依頼があったときに，「一切の業務」という表現をしていると，
追加報酬を請求できず，それまでの報酬額で引き受けざるを得なくなります。

　「当事務所は何でも承ります！」という意気込みを持つのはよいことです
が，契約書に「一切の業務」と書いてしまうと，同じ料金で業務量だけが多
くなり，単価が低くなってしまうおそれがあります。

(3) 押印の種類など

　押印には，代表者の記名押印のほか，割印，契印，消印が必要です。

　これらには，いわゆる「丸印」という代表者印が必要ですので，独立開業
時には「角印」と一緒に作成しておきましょう。

　また，業務の内容や性質によって，収入印紙の貼付や金額が異なってきま
すので，調べておく必要があります。

　契約書は通常，袋とじにします。袋とじを行う場合は，製本テープで綴る
ケースが多いと思います。

　近年は電子契約も普及しています。契約書を紙で作成すると時間がかかり
ますが，電子契約であれば，電子サインのみで完結します。収入印紙も不要
です。ただし，電子契約サービスの月額料金がかかるので，そのコストを勘
案する必要があります。

(78) 事務所の報酬基準を作成する

甲斐 開業直後，知人から税務の仕事を依頼されて二つ返事で引き受けたのですが，報酬額と業務量がつり合わなくて困っています……。

瀬井 開業直後は仕事の依頼がくるとうれしくなって何でも引き受けがちだけど，後から大変なことになることもあるから，報酬基準を作っておくのがいいよ。

(1) 友人・知人からの依頼の注意点

独立開業当初は，友人や知人が「独立祝い」を兼ねて，業務を依頼してくることがあります。

独立開業して間もない頃は，自分に仕事がくるのか不安で，以前から知っている人から依頼がくると，うれしくなって二つ返事で受けてしまいがちです。もちろん，友人・知人から仕事の依頼を受けること自体に問題はありません。しかしながら，このようなときに，うれしさのあまり業務内容を確認せず，相手の言い値で引き受けてしまいがちなのです。

その結果，業務を進めてみると，報酬額のわりに業務量が多かったり，業務内容がややこしいものだったりと，報酬額と業務がバランスしていないことが後からわかってきた，というケースがあります。実際に，私の周囲でも「先輩から『おい○○君。ウチの仕事やってくれや』と言われたので引き受けてしまったけど，報酬額のわりに業務量が多いので，今後は値上げを考えている」といった声を聞いたことがあります。

(2) 報酬基準の必要性

これは，友人・知人に限らず，全くの新規のクライアントであっても同様

です。新規の依頼があったとき，前任や現任の税理士の業務報酬を知りたいところですが，教えてくれるところもあればそうでないところもあります。

このようなとき，自分の事務所に報酬基準がないと，安い値段を提示してしまったり，相手の言い値で引き受けてしまったりということになりかねません。そうならないように，業務内容を基礎にした報酬基準を作成しておく必要があります。

依頼する側も，報酬基準が提示されることで安心して業務を依頼することができるようになります。

(3)　報酬基準の作成例

問題は，報酬基準をどのように作成すればよいのかがわからないことでしょう。

監査法人では，職階に応じて単価が定められているケースが多く見られますが，税務では，監査法人時代の単価で報酬額を定めてしまうと，通常は相場よりも高くなりすぎてしまうので，避けるほうがよいでしょう。

参考になるのは「100の提案」です。「15. 事務所の報酬規定はありますか」では，報酬形態の例（固定額方式，従量額方式など）が示されています。また，同資料の「事務所管理」コーナーには，「税理士報酬算定基礎表」や「報酬規定等サンプル集」も掲載されています。

「税理士報酬算定基礎表」の参考例1では，事務所家賃，事務機器リース代といった固定費，職員の人件費，変動費を基礎に事務所全体の単価を決めるシートが例示されています。公認会計士は管理会計を学んでいるのでなじみやすいかもしれません。

もちろん，報酬基準の作成方法に決まりはありませんので，自分のオリジナルで決めても問題はありません。

留意点としては，地域によって相場が異なるので，自分の事務所がある地域の相場を知っておくことです。インターネットで他事務所を検索して，報酬額を見て相場観を作るとよいでしょう。

$\textcircled{\small 79}$ 請求書の源泉所得税を間違えない

 クライアントに請求書を作成して送る必要がありますが，源泉所得税や消費税の計算方法がわかりません……。

 源泉所得税や消費税の計算方法については，国税庁が法令解釈通達を出しているよ。自分の感覚で計算しないようにね。

⑴ 公認会計士や税理士が作成する請求書

　独立開業して，クライアントと業務契約を締結することができたら，契約書に記載した時期に，クライアントから報酬を支払っていただきます。そのためには請求書の発行が必要となりますが，請求書を作成したことがないという公認会計士は意外に多いと思います。

　請求書の作成方法については，多数の実務書やウェブサイトがあります。基本的には，このような実務書やウェブサイトを参考にすれば，おおむね問題はありません。

　注意する点は，公認会計士や税理士の報酬は源泉所得税が課されるということです（所得税法204条1項2号）。一般的な請求書のひな型は，源泉所得税を差し引く様式となっていないので気をつけましょう。

　また，消費税の計算方法についても注意する必要があります。

　請求書において請求額にミスがあると，「この先生，大丈夫なのか？」と疑念を持たれるおそれがあります。

⑵ 請求書の作成実務

　国税庁「消費税法等の施行に伴う源泉所得税の取扱いについて（法令解釈通達）」の「3 報酬・料金等所得等に対する源泉徴収」では，報酬に消費税

等が含まれている場合の源泉徴収の対象とする金額について，次のように記載されています。

①　原則として，消費税等の額を含めた金額。

②　請求書等において報酬・料金等の額と消費税等が明確に区分されている場合，その報酬・料金等の額を源泉徴収の対象とする金額として差し支えない。

以下は，月額報酬額が30,000円（税抜）の場合の例です。

（単位：円）

①の方法		②の方法	
報酬額（税込）	33,000	報酬額（税抜）	30,000
源泉所得税	※1　△3,369	消費税等	3,000
請求額	29,631	源泉所得税	※2　△3,063
		請求額	29,937
※1　33,000×10.21％＝3,369		※2　30,000×10.21％＝3,063	

消費税率は10％，源泉所得税は10.21％とする。

報酬の税込，税抜区分については，契約書で明記しておく必要があります。ここを明確にしておかないと，請求時にトラブルになるおそれがあります。

なお，1円未満は切捨てです（国税通則法118条2項，同法施行令40条1項）。端数処理の方法は国税通則法で定められていますので，自分で決めないようにしてください。

(3)　口座振替が便利

しかし，請求書を毎月自分で作成すると，時間と手間がかかってしまいます。そこで，請求書の発行事務の負担を軽減し，また請求額を確実に徴収するためには，口座振替を利用すると便利です。

税理士業界では，日税ビジネスサービスと日本システム収納の口座振替がよく利用されています。請求書の発行方法や利用料金などの違いを確認した上で活用するとよいでしょう。

⑳ 前任税理士からの業務の引継ぎはない

😊 先日，「税理士を変えたい」ということで，当事務所に依頼がきま
甲斐 した。契約しようと思っています。

😊 もちろん問題はないけど，税務の契約を行う場合には，一般的な業
瀬井 務契約とは異なる面があるから，注意が必要だよ。

(1) 税務では前任税理士からの引継ぎはない

　会計監査では，監査人が交代する場合は，前任監査人と監査人予定者との間で監査業務の引継ぎを行わなければならないこととなっています（監査基準報告書900「監査人の交代」）。

　一方，税務においては，そのような引継義務はありません。したがって，前任税理士から，会計や税務の資料を見せてもらうことや，税務上の問題点やリスクをヒアリングするということはまずありません。会計監査のときと同じ感覚で，前任税理士に引継ぎを申し込んだり，連絡を入れたりすると，かなりの確率でトラブルになるので気をつけましょう。

(2) 契約前の留意点

　「税理士を変えたい」という依頼があったときは，即答せず，クライアント候補の過去の決算書や税務申告書などをチェックすることが望まれます。この点は，会計監査における予備調査をイメージするとよいでしょう。税務は監査とは異なるから，根掘り葉掘り調べると嫌がられるのでは，と思ってしまう公認会計士もいるかもしれませんが，税務でも引受業務のリスクを想定して，契約の可否を検討することは重要です。

　たとえば，過去３年分〜５年分の決算書と確定申告書，履歴事項全部証明

書，定款，組織図，出資関係図（資本系統図），届出書・申請書などを提示
してもらい，会計や税務上の問題点がないかを確認します。また，過去の税
務調査の指摘内容やてん末も確認しておくことが望まれます。

(3)　業務侵害にならないよう注意する

　税務におけるクライアントの引継ぎ時の注意点として，「業務侵害行為」
に抵触しないようにするということがあります。業務侵害を行ったと認めら
れると綱紀規則に違反することになりますので，十分な注意が必要です。

　というのは，「*25* 営業は業務侵害にならないように」で説明したように，
現任税理士とクライアント候補との契約中に，自己と取引するよう誘引する
と，これが業務侵害に当たるとされる可能性があるからです。「え？」と思
われるかもしれませんが，これは税理士業界における常識です。クライアン
ト候補が「税理士を変えたい」と依頼してきている場合であっても同じです。

　したがって，新しいクライアントと契約するときは，二重契約にならない
よう，必ず現任税理士との契約を解除してもらってから契約する必要があり
ます。

(4)　クライアント側に問題がある場合もある

　クライアント候補が「今の税理士に不満があるので変えたい」として，税
務顧問契約の締結を依頼してくることがあります。この場合，現任税理士に
何らかの問題があることが多いですが，実は，クライアント候補側に問題が
ある場合もあるので，注意する必要があります。

　たとえば，税理士を下請けのような扱いをしてくる，モンスタークレー
マーの傾向がある，資料依頼しているのに出てくるのが極端に遅い……。こ
のようなことを原因として，徐々に税理士側は嫌気が差してきて，対応も雑
になるという具合です。開業当初にこれを見抜くのは難しいですが，依頼時
に現任税理士の不満ばかりを口にし，依頼内容がはっきりしないときはこの
傾向がありますので，注意するとよいでしょう。

(81) 訪問のやり方を決めておく

甲斐 クライアントから「訪問回数が少ない。毎月訪問すべきだ」とクレームがきました。毎月訪問するとは言ってないんですが……。

瀬井 訪問の頻度などについては契約時にはっきりさせておくべきだよ。場合によっては，契約解除につながるおそれもあるからね。

(1) 税務と訪問

　監査法人で会計監査を行う場合は，監査計画を策定し，その事業年度の往査スケジュールや配員を決めています。そして，スタッフは，チームの指示に従い，クライアントを訪問します。

　スタッフレベルだと，クライアントへの訪問スケジュールを自分で決める機会は少ないと思いますが，独立開業したら，クライアントへの訪問スケジュールは自分で決めることになります。監査計画の策定経験がある場合は，税務の訪問スケジュールについてもスムーズに決めることができますが，そうでなければ，最初は戸惑うかもしれません。

　また，会計監査の場合は，四半期ごとにレビューないし監査，その間に内部統制監査や実査・立会と，往査の時期が1ヶ月〜数ヶ月間隔で数週間となることが多くなります。

　一方，税務では，クライアントへの訪問スケジュールは，会計監査のようにある程度定まっているものではなく，各会計事務所とクライアントとの間で決めることになります。

(2) 実務で見られる訪問の形態

　訪問の形態には，大きく分けて2種類あります。

1つは、①会計事務所側がクライアントを訪問する形態です。もう1つは、②クライアントが会計事務所を訪問する形態です。実務では、どちらの形態も見られます。

まず、①の形態ですが、この場合、何ヶ月ごとに訪問するのかを契約時に決めておく必要があります。ここが不明確だと、後々トラブルになるおそれがあります。たとえば、監査のときの感覚で四半期に1回と思っていたものの、それを契約時に確認しておらず、クライアントから「前の先生は毎月来てくれていたのに、なんであなたは毎月来てくれないのか？」といったクレームがくる可能性も想定されます。

なお、実務では、毎月1回訪問という形態もあれば、3ヶ月に1回、年1回などさまざまです。この点は、クライアントの要望と顧問報酬、自分のスケジュールのバランスを総合的に勘案して決めるとよいでしょう。

次に、②の形態についても、何ヶ月ごとに来所されるのかを契約時に決めておく必要があります。実務でよく見られるのは、クライアントが証憑類などの会計資料を持参して、会計事務所の担当者にその月の報告や相談などを行うという形態です。また、個人の確定申告は、1月から2月にクライアントである個人が1年分の証憑類を持参して会計事務所に訪問し、「今年も確定申告をお願いいたします」というスタイルが見られます。

(3)　年間スケジュールを決めておく

訪問の日程を決めるときに、よくあるのは、訪問時に次回の訪問日時を決めるというものです。しかし、この方式だと、訪問時に次回の訪問日時を決め忘れてしまうということがありがちです。また、訪問予定を失念してしまい、慌てて直前になって連絡を入れるものの、クライアントの都合でなかなか日程が決まらないということも往々にしてあります。

これを防止するために、私の場合は年間の訪問予定日時を決定しています。

訪問の頻度に関するトラブルは、税務では起こりがちですので注意しましょう。

⟨82⟩ 資料はなかなか出てこない

甲斐 あるクライアントに資料の提示をお願いしていますが，なかなかいただけません。このままでは申告期限に間に合わないかもしれません……。

瀬井 監査で資料が出てくるのが遅いクライアントはあるけど，税務でもなかなか出てこないところがあるね。ただ，資料の収集をスムーズにしていくことは，税理士の腕の見せ所でもあるよ。

(1) 税務クライアントの資料の提示は遅い

　会計監査では，資料の提示が遅いクライアントがいますが，税務でも資料がなかなか出てこないということはよくあります。

　「何度も何度も資料依頼しているのに，申告期限当日の午後に持ってきた」という話を聞いたことがありますし，中には，申告期日を過ぎてから提示があったというケースもあるようです。ここまで極端ではなくても，資料を依頼してもなかなか提示がないということは珍しくありません。

　そこで，一概には言えませんが，クライアントの形態別に傾向を示してみます。

① 中小企業

　まず，中小企業の中でも経理部がある会社，あるいは総務部などに経理担当者がいる会社の場合は，比較的順調に依頼資料をいただける傾向があります。なぜかというと，ある程度職務の分掌が行われているため，担当者は経理の年間スケジュールや毎年のルーティン作業を把握していることが多いからです。

② 小規模企業・個人事業者

一方，家族数名で経営している小規模企業や個人事業者になると，資料が予定どおりに出てこないケースが多くなります。このような事業体では職務の分掌が行われておらず，本業に携わっている人が時間を見つけて経理もこなしていることがあるからです。つまり，毎日がとても忙しい上に，経理が専門ではないため，年間スケジュールや毎年のルーティン作業も把握できていないことがあるわけです。しかも，人の入れ替わりが激しいというところもあります。

そのため，先方は依頼された資料の名前を見ても，「これって何でしたっけ？」，「いつ頃までに提出すればよかったでしょうか？」という質問が毎年繰り返されるというケースも珍しくありません。

⑵ 「困るのはそちらですよ！」は禁句

このようにクライアントからの資料の提示が遅い場合，苛立ったり，怒ったりしては絶対にいけません。特に，「このままだと，困るのはそちらですよ！」というフレーズはNGです。これを言ってしまうと，「こちらはお金を払っているのに？　会計事務所の指示が悪いから，こういうことになるのではないのか？」と逆ギレされかねません。

たしかに困るのはクライアントですが，なぜ困ることになるのかを税法のルールに従って説明する，また，期限など税法のルールを守ることで得られるメリット（デメリットの回避）を説明することで，クライアントに納得していただくのがよいでしょう。また，「毎年お伝えしていることですが……」という言い方も，「毎年言っているのになんでわからないんだ」というニュアンスが出てしまいかねないので，「今年も，○○の申告の時期が近づいてまいりましたが……」といったように伝え方を工夫するとよいでしょう。

そして，スケジュールを先読みして，資料依頼は早めに，口頭ではなく文書で伝える点も大事です。提出時期を明記したリストを作成して丁寧に依頼するとよいでしょう。

83 資料を見せてくれないことがある

甲斐　売上の関連証憑一式の提示を依頼したら，経理担当者から拒否されました……。

瀬井　それは困ったね。でも，適切な税務申告書を作成するためには資料の確認は必須だからね。何とか納得してもらう必要があるね。

(1) 税務でも資料のチェックは必要

　適切な税務申告書を作成するためには，決算書のほか，決算書作成の基礎となった資料もチェックする必要があります。

　この点は，会計監査と同様です。「監査は人を疑うような仕事なので，税務をやりたい」という公認会計士を時々見かけますが，税務でも，何もチェックしなかったら，クライアントは虚偽の決算書を作成するかもしれません。その虚偽の決算書に基づいて税務申告書を作成してしまうと，税理士法1条に定める税理士の使命を果たすことができません。

　そのため，クライアントを訪問するときは，試算表，総勘定元帳，仕訳データをチェックして，異常な変動やイレギュラーな取引の有無などについて調べる必要があります。

　また，会計監査ほどの手続は必要ないにしても，クライアントの内部統制のデザインや運用レベルもある程度把握しておきます。当然のことながら，クライアントの内部統制のレベルに問題があれば，税務でも問題が起きる可能性が高くなりますから，会計処理や資料を調べる範囲は広くなります。

(2) 疑われることもある？

　しかしながら，前任の会計事務所がこのようなチェックを行っていなかっ

180

た場合は，注意する必要があります。

　たとえば，このようなチェックを特に行わず，クライアントを訪問したときには雑談ぐらいしか行わなかったというような会計事務所だったら，クライアントは，会計帳簿や証拠資料をチェックされることに慣れていない可能性もあります。

　昔の話ですが，私は，ある資料の提示を依頼したときに，経理担当者から「なんでですか？　こちらはちゃんと処理を行ってますよ。なんで見せないといけないんですか⁉」と言われたことがあります。そんなつもりはなかったのですが，経理担当者からは私が疑っているように思われたようです。

　契約時には，訪問する際に会計帳簿や証拠資料のチェックを行う旨と目的をあらかじめ伝えておくとよいでしょう。

⑶　証憑類の保存の重要性

　税務では，証憑類の保存が適用要件となっている制度があります。

　たとえば，消費税法において，輸出免税の適用を受けるためには，輸出許可書など輸出取引等の区分に応じた書類を整理し，納税地等において7年間保存することが要件となっています（消費税法7条2項，同法施行規則5条）。つまり，輸出許可書を入手していないと，輸出免税の適用はできず消費税の額が変わってしまうことになります。

　当然，会社は輸出許可書を入手しているだろうと思っても，いざ資料をチェックしてみると入手していなかったということは，実務ではしばしば見られます。もし，税務調査でそのことが発覚すると，確実に指摘されてしまいます。

　そのようなことにならないようにするためにも，訪問時には資料のチェックが必要となるわけです。

　もう監査みたいなことはしたくないと思っている公認会計士もいるかもしれませんが，監査的な手続はクライアントにとってもよい結果をもたらすので，これまでの経験を活かして積極的にチェックを行うとよいでしょう。

⑧4 お預かりした資料はすみやかに返却する

甲斐 クライアントから「預けた資料を早く返却してほしい」と言われました。うっかりして保管したままでした……。

瀬井 監査法人では資料を返却する機会が滅多にないから，返却するという概念がない人もいるけど，大事な資料だからすみやかに返却する必要があるよ。

(1) 監査の証拠資料とは異なる

　会計監査では，監査手続を行う際に，クライアントから証拠資料を入手します。現在は，大手監査法人であれば，すべてExcelやPDFといった電子データで入手していると思いますし，紙で監査調書を作成している監査法人も，現物ではなくコピーしたものを入手していると思います。

　そのため，監査法人では，資料の現物を入手して返却するということは滅多にありませんが，税務では，現物を預かる場面が出てきます。

　税務でもデジタル化を進めてペーパーレスを実現している事務所もあります。しかし，その場合でも，たとえば，高齢者の確定申告を引き受けると，現物を預かるケースが出てきます。高齢者の中には，電子メールを使えない人や，PDFにする方法を知らない人がいます。コピーをとることができないという人は少ないですが，枚数が多いと手間がかかり，コピー代もかかってしまいます。そのようなとき，たとえば，通帳や定期預金証書，残高証明書，配当金，医療費控除，寄附金等に係る資料が現物で送られてくることがあります。

　また，記帳代行をしている場合，領収書，レシート，請求書といった証憑類を現物で預かるケースが出てきます。

このように，税務では事務所がデジタル化を進めていても，現物を預かるケースが出てくることがあるのです。

(2)　返却を忘れると信用を失うおそれがある

預金通帳などの資料は，クライアントの所有物ですから，確定申告などの業務が終わったらすみやかに返却する必要があります。

しかしながら，これを失念して預かったままになり，クライアントに返却しないケースは残念ながら珍しくありません。このような状態が続いた後，クライアントから「預けた資料を早く返却してほしい」とクレームがくると，クライアントとの関係は悪化していきます。

独立開業当初は，会社資料を預かり，返却するという流れがスムーズにいかないかもしれません。最もよいのは，すべて電子データで入手し，返却不要とすることですが，必ずしも，このような体制にできるとは限らないので，資料の預かりと返却について，事務所の管理体制を構築しておくべきでしょう。

(3)　預かり表や管理表を作成する

日税連のホームページには，会員専用ページに，預かり表のひな型が掲載されています。「データライブラリ」→「業務対策部」→「税理士事務所等の内部規律及び内部管理体制に関する指針」を参照してください。

この中の「3　守秘義務関係」という項目にあるのが，次のひな型です。

- 書類預かり一覧表モデル（関与先交付用）
- 書類預かり一覧表モデル（事務所管理用）
- 税理士事務所における情報管理チェックリストモデル

資料を預かる場合は，このような管理表を作成するとよいでしょう。そうすることで，クライアントからの信用を失わずに済むのです。

85 納付税額は早くお知らせする

甲斐　クライアントから「納付税額はいくらですか？　早く連絡してください！」と言われました。まだ申告書の作成は終わってないんですけど……。

瀬井　税金を納めるための資金を用意しないといけないからね。法人の場合は社内決裁も必要だ。だから納付税額は早くお知らせしないとクライアントが困るし，税理士の信用を失うことになりかねないよ。

(1)　納付するためには納税資金が必要

　税金を納付するためには，当然のことながら，納税のための資金が必要です。税金を納付しようと思っても，納税資金が足りず期限までに納付できなかったら，延滞税が発生してしまいます。

　監査法人の中でも，特に大手監査法人のクライアントは，多くが大企業であり，よほど業績が悪くない限り，納税資金が足りないという事態は起こりません。

　しかしながら，個人で独立開業している公認会計士・税理士のクライアントの多くは，中小企業や個人事業者です。このようなクライアントに資金繰りがよいところはあまり多くはありません。金融機関からの借入れがあり，毎月の返済のために資金を工面しているというのが実情です。

　このような会社や個人は，もし納税となれば，日々，支払いや借入金返済のために資金を工面している中，さらに別の支出が発生するわけですから，納税資金を用意する必要があります。

　そのため，納税額はできるだけ早くクライアントにお伝えする必要があるのです。

(2)　税金の納付月に関心がないクライアントもいる

　クライアントによっては，税金の納付月に関心がないというところもあります。会計や税金のことは税理士に任せておけばよいといった会社や個人にこのような傾向があります。

　そのようなクライアントに，納期限直前になって「今回の消費税の納付額は150万円です。明日が納期限なので，明日までに納付してください」などと言ってしまうと，「え？　消費税？　今月は消費税を納付しないといけない月でしたか？　ちょっと待ってくださいよ，ウチは資金繰りが苦しいんですから。そういうことは早く言ってください！」と言われかねません。

　そのため，税務においては，納税額のみならず，納税スケジュールも毎年あらかじめお伝えしておく必要があります。

(3)　決算予測を行おう

　このようなトラブルを防止するためには，決算月が近づいてきたら決算予測を行うことが有効です。

　監査法人のクライアントであれば，決算予測を行い損益の着地点や納税額の予測を行うのが通常ですが，税理士がクライアントとするような中小企業や個人事業者に自分で決算予測を行っているところは滅多にありません。

　そこで，このような場合は，会計事務所がクライアントに代わって決算予測を行うとよいでしょう。会計事務所が決算予測を行い，損益や納税額の予想を立てて，クライアントに伝えることで，クライアントは資金繰りの目処が立つようになります。

　納税に関しては，法人税等や消費税等の中間申告と納付についても，あらかじめお伝えしておく必要があります。特に，消費税等は直前の課税期間の確定消費税額によって，中間申告の回数が変わってきますから，たとえば「当事業年度は，○月に○○万円の中間納付となります」ということをお伝えしておくとよいでしょう。

⑧⑥ 情報提供を積極的に行う

>
> 甲斐　クライアントから「この前，他社から新しい補助金があると聞いた
> んだけど，ウチ，もらえるんじゃないの？　なんで教えてくれな
> かったの？」と言われました……。
>
> 瀬井　それはちょっと具合が悪いね。会計事務所よりも先にクライアント
> が情報を得ることが続くと，不満が出てくるよ。

⑴　情報提供はタイムリーかつ積極的に

　会計監査において，会計制度の改正点をクライアントに伝えること自体は，二重責任の原則に抵触するものではありませんが，このようなことはクライアント自身が修得するものであり，それが不十分であれば内部統制の不備になるというのが，多くの公認会計士の基本的な考え方ではないかと思います。

　そのため，会計監査に携わってきた公認会計士の中には，クライアントに積極的に情報提供をする習慣が備わっていない方がいるかもしれません。

　しかしながら，税務においては，税制改正の概要や新しい補助金などクライアントに役立つ情報は，タイムリーにお伝えすることが望まれます。クライアントが，このような情報を会計事務所よりも先に他社などから聞いて知ってしまうと，「なんで会計事務所は教えてくれなかったの？」，「会計事務所は何も教えてくれない」と不満が出てくる可能性があるからです。

⑵　税制改正の流れと税理士の対応

　税制は毎年改正されます。そのため，税制改正の概要については，毎年クライアントにお伝えすることが望まれます。

　税制改正のプロセスは，おおむね次の流れとなります。

> - 12月中旬頃…与党税制改正大綱の発表
> - 12月下旬～1月頃…政府「税制改正の大綱」の閣議決定
> - 1月下旬～2月頃…税制改正法案の国会提出（国税の改正法案は財務省，地方税の改正法案は総務省が作成）
> - 3月…税制改正法案が可決成立。改正法に定められた日から施行

　12月中旬の与党税制改正大綱で改正内容はおおむねわかるようになり，マスコミでも報道されます。また，税理士法人等がホームページ等で改正内容の解説をするようになります。1月以降に税制改正セミナーを開催する税理士法人等もあります。

　クライアントの中にはこの時期に改正内容を把握するところがありますので，税理士もこのスケジュールに沿って改正内容をフォローし，概要を伝えておく必要があります。

　これが，たとえば9月，10月になってから，クライアントから「この前セミナーに参加したら，○○税制というのがあると聞いたんだけど……ウチ，適用できるんじゃないの？　なんで教えてくれなかったの？」と言われると，具合が悪くなります。特に，当初申告要件がある場合には，更正の請求ができなくなるので注意が必要です。

(3)　補助金情報も積極的に

　補助金や助成金等の情報もクライアントにタイムリーに提供することが望まれます。もちろん，このような情報を提供することは税理士の義務ではありませんが，クライアントからすると，もらえたはずの補助金や助成金がもらえなかったとなれば，損をした気分になります。

　このような情報も，クライアントが先に他社などから聞いて知ってしまうと，「なんで教えてくれないの？」と不満を持たれる可能性があります。

　補助金や助成金等の情報も常にキャッチしておきましょう。

⑧⑦ 顧問先は監査クライアントとは全く違う

甲斐　クライアントから質問や相談が多く，しかも「早く回答がほしい」と言われます。毎日忙しくて困っています……。

瀬井　税務のクライアントは，資金繰りがよいとはいえない中，毎日必死で仕事をしている中小企業や個人事業主だからね。対応のスピードが大事なんだよ。

(1)　監査クライアントとの違い

　税務のクライアントは，監査法人時代のクライアントとは異なります。

　監査法人時代のクライアントは，大企業をはじめとした上場企業です。そして，監査対応をするのは経理部の人たちです。

　一方，税務のクライアントの多くは，中小企業や個人事業主です。経理担当者がいる会社もありますが，そうではない会社や個人事業主の場合は，社長や代表者が対応することは珍しくありません。

　このように，クライアントの規模や応対者が異なると，日々の業務に次のような違いが出てきます。

①　応対者は会計や税務を業務としていない

　会計監査のときは，毎日，会計や税務を専門とする経理部の人が応対者でしたが，税務で応対者となる社長や代表者の日々の業務は，会計や税務ではありません。そのため，専門性が高くなると話が通じにくくなることがあります。

②　会計よりも税金

　会計監査のときは，経理部との話は会計に関することです。しかし，税務では会計は話題にならず，税金の話が中心になります。特に，社長や代表者

は節税など税金を減らすことへの関心が強い傾向があります。

③　実は税金のことをよく知っている

　さらに，社長や代表者は，税金に関心があるだけでなく，税金のことをよく調べて勉強しています。特に，現代はインターネットで何でも手軽に調べられますので，知識レベルは上がっています。開業して間もない公認会計士よりも社長や代表者のほうが一般的な税務に詳しいということは珍しくありません。もちろん，論点の専門性が高くなると別ですが，一般的なレベルのことはよく知っています。

(2)　日々資金繰りに必死

　中小企業や個人事業主で，資金繰りがラクというところはあまりありません。むしろ，日々の資金繰りに必死なところが多いです。たとえば小売業や飲食業は，給料，買掛金，借入金の返済，家賃，水道光熱費などの毎月の支払いのために日々の売上を上げていかないといけないので，毎日が勝負です。

　このように，中小企業の社長や個人事業主は，毎日必死に仕事をしています。起きている間は，常に仕事のことを考えています。税務のクライアントは，このような人たちであることを心しておく必要があります。

(3)　すばやい対応が大事

　そのため，税務ではクライアントから質問や相談があったら，すぐ対応することが重要です。一歩遅れたら資金ショートを起こすかもしれないわけですから，質問や相談については早く回答がほしいのです。

　社長や代表者と上場企業の担当者とでは，時間感覚が異なりますから，監査法人のときと同じ感覚で対応すると，「質問しているのに全然返答がない」と言われかねません。このような対応が続くと，次第にクライアントの中に不満が溜まっていき，税理士の変更につながってしまうおそれもあります。

　税務では，できるだけ早い対応ができる体制と意識を持つことを心がけましょう。

内部統制はゼロから丁寧に指導する

> 🧑 クライアントの会社は金融機関から残高証明書を入手していないし，
> 甲斐 購買取引も１人ですべて行っています。内部統制が不安です……。
> 🧑 非上場の中小企業で内部統制が整っているところはまれだよ。だか
> 瀬井 らこそ，公認会計士の経験を活かして丁寧に教える必要があるよ。

⑴　中小企業の内部統制のデザイン

　監査法人が行う会計監査において，上場企業であれば内部統制のデザイン
や運用手続について，時々不備が出ることはあっても，通常は大きな問題は
出てきません。

　しかし，税務のクライアントとなるような非上場の中小企業では，内部統
制のデザインや運用手続に不備があるケースがよく見られます。それどころ
か，そもそもデザイン自体が確立されていないことも少なくありません。こ
のあたりは，監査法人で上場準備会社の会計監査を担当したことがある公認
会計士であれば，実際に目にしてきた方もいるかもしれません。

　中小企業では，なぜこのように内部統制に不備が多いのでしょうか。それ
は，そもそも内部統制自体について知らないからです。内部統制の役割やメ
リットを知れば，中小企業でも内部統制のレベルは上がってくるのではない
かと思います。

⑵　経験を活かして丁寧に指導を

　そのため，内部統制の評価に携わったことのある公認会計士は，その経験
を活かして，丁寧にその導入のメリットを説明しながら指導すべきです。こ
のとき，絶対に「なんで承認や照合を行っていないのですか？　ノーチェック

で行うことはおかしいと思わないんですか!?」などと，「なんでわからないんだ!?」といったニュアンスの発言はしてはなりません。そんなことを言うと，クライアントは逆ギレしかねません。

そもそもクライアントは内部統制のメリットを知らないのですから，この統制手続がどのような目的で行われ，どのような効果をもたらすのかといった点をゼロから丁寧に指導すべきです。

たとえば，現金預金の出納，会計を同一の職員が行っていたため，横領が発生した会社があるとします。当然のことながら，発生後は何らかの改善策をとります。しかし，このとき会社が今後の対策として「不正を行わない精神を醸成する」，「担当者には誠実な職員を割り当てる」といった対策を掲げたとします。

もちろん，それらも必要なことですが，横領の原因は，現金預金の出納，会計の担当者を別々の職員にしていなかったことにあるのですから，このプロセスの内部統制のデザインを改善しないと，また横領が発生する可能性があります。

このような内部統制のデザインの方法や効果を知らない会社が多いのが現実です。われわれ公認会計士・税理士からすれば当たり前のことですが，これを丁寧に指導する必要があるのです。

(3)　会計処理は精査すること

税務のクライアントとなる会社は，このように内部統制のデザインや運用手続が十分ではありませんから，会計監査のように内部統制に依拠した手続は難しいものとなります。そのため，会社が行った会計処理には十分注意する必要があります。

税務の場合は，利益を過小に計上する「逆粉飾」のリスクがあります。たとえば，売上の一部を借入金で処理するという手口が想定されます。

全般的に税務では，会社の処理について精査に近い感じで見ていくのがよいでしょう。

89 IT化・デジタル化は自分が使ってみてから

先日，会計ソフトを使わないで経理を行っている会社があり，驚きました……。
甲斐

中小企業ではIT化，デジタル化が遅れているからね。そこは会計事務所がサポートしていくべき分野だね。
瀬井

(1) 中小企業のデジタル化事情

まず，IT化，デジタル化という言葉ですが，経済産業省「ミラサポplus」では，「最近はIT化の代わりに「デジタル化」という言葉が使われることが多くなりましたが，IT化とデジタル化もほぼ同じ意味と考えて良いと思います」とされています。IT化とデジタル化の意味は異なるという説もありますが，ここでは「デジタル化」という言葉で進めていきます。

さて，中小企業におけるデジタル化事情ですが，全般的に進んでいないのが現状です。

監査法人時代のクライアントは，ERPのような，経理，販売，購買，在庫，給与などを一元管理するハイレベルなシステムを導入しているところが多く見られます。

しかしながら，税務のクライアントとなるような非上場の中小企業では，ERPを導入しているところはまれで，市販の会計ソフトや給与ソフトを導入しているケースが多く見られます。経理については，時々，自社で行っているものの会計ソフトを導入していない会社も見られます。つまり，振替伝票，総勘定元帳，試算表などの会計帳簿をすべて手書きで作っているわけです。

このように，デジタル環境については，監査法人時代のクライアントとは大きく異なっているので，驚かれるかもしれませんが，まずは現状を知る必

要があります。

⑵　デジタル化に詳しい人がいない

　このような中で，クライアントのデジタル化を進めていくには，会計事務所による指導が不可欠です。

　このときも「なんでデジタル化を進めないのですか？」と言ってはいけません。クライアントもデジタル化したくても，どのように進めればよいかわからないということがあるからです。また，最新のデジタル技術を知らないということもあります。

　たとえば，「自動仕訳」については，すでにかなり浸透しているだろうと思われるかもしれませんが，今でも中小企業や非営利法人に行くと「そんなシステムがあるんですか⁉」と驚かれることがよくあります。

　このように，デジタル化に詳しい人がクライアントの内部にいないこともあり，デジタル化がなかなか進んでいません。したがって，会計事務所による指導が必要なのですが，そのためには大企業レベルではなく，中小企業レベルのデジタル技術について詳しくなる必要があります。

⑶　自分が使ってみてクライアント向けのデジタル技術を知る

　中小企業レベルのデジタル技術を知って，導入サポートをするには，まず中小企業向けの市販ソフトにどのようなものがあるかを知る必要があります。そして，市販ソフトを比較検討して，実際に自分の事務所用に導入してみるとよいでしょう。

　比較検討するときは，各社は通常，デモ版を公表しているので，それを使ってみるとよいと思います。

　なお，「7 会計・税務ソフトはよく吟味してから」で説明したように，開業するといろいろな会計ソフト会社から営業がきます。このとき，会計事務所用のソフトとクライアントが使用する市販ソフトは異なることを意識して，くれぐれも両者を混同しないように注意する必要があります。

90 予算作成をサポートする

クライアントの会社は予算を作成していませんでした。どうもどんぶり勘定で経営を行っているようです……。

小規模な会社では予算を作成していないことは珍しくないね。だから，予算の必要性についても懇切丁寧に説明する必要があるよ。

(1) 小規模企業の実態

　家族経営のような小規模な会社では，予算を作成しているところは少ないのではないかと思います。社長が，何となく今年の売上目標を立てて，費用や利益についての目標は特になし，という会社は珍しくありません。

　このような会社に対しても，「なんで予算を作成していないのですか？予算がないのはおかしいと思わないのですか？」などと言っては絶対にいけません。このような会社では，日々の業務に追われて，経理に回せる時間がなかなかない上に，仮に予算を作りたくても作成する方法がわからないケースが多いからです。

(2) 予算作成等はサポートするべきか

　予算を作成していない小規模な会社がクライアントになったら，公認会計士の知見を活かして，予算作成，価格設定，利益管理のサポートも行うとよいでしょう。

　ただ，小規模な会社ゆえ，税理士業務に加えて追加料金となると，おそらく難しいと思います。そのため，本来の業務に支障が出ない範囲で，サービスで行うのがよいでしょう。

　もちろん，税理士業務として契約をしたのだから，別途契約して報酬をも

らえないのなら，税理士業務以外は行わないという方針でも問題はありません。世の中には，そのような会計事務所もあります。

　どちらの方針で事務所の経営を進めるのかは，所長の考え次第ですので，独立開業してから早めに決めるとよいでしょう。

　ただ，税務相談や税務申告書の作成といった税理士業務のみで，予算作成等の経営のサポートを行わないという場合，クライアントが「会計事務所は何もやってくれない」，「利益改善のための提案を全くしない」と不満を持つ可能性があるので注意する必要があります。さらに，クライアントと取引がある金融機関等がそれを聞いて「そんな会計事務所は変えたほうがいいですよ」と言ってくる可能性もあります。

　このように，税務申告書を毎年しっかりと作成しているのでクライアントとの関係は良好だと思っていても，自分が知らないところで評価されている場合もあります。

　税務のクライアントについては，会計や税務以外にどのようなニーズがあるのか，アンテナを張ってキャッチする努力が必要です。

⑶　監査法人時代の感覚の落とし穴

　このあたりは，監査法人で会計監査を行ってきた公認会計士が陥りやすい落とし穴です。

　会計監査のときは，二重責任の原則が徹底されているので，財務諸表の作成に関わるような相談，依頼は受け付けない傾向が強くなります。私が聞いた話の中には，減損会計の計算方法がわからなかったので監査チームの担当者に相談したら，「適用指針の○項に書いてありますから，そこを読んでください」という回答しかもらえず，全然教えてくれないというものがありました。

　この感覚のまま税務を行うと，クライアントの隠れたニーズに気づかないおそれがあります。予算作成や，これに関連する価格設定，利益管理などは小規模な会社の隠れたニーズの1つとして意識しておくとよいでしょう。

91 経営分析もサポートする

甲斐　クライアントは経営分析をしていません。代わりに，こちらで経営指標を算出してクライアントに説明をしています。

瀬井　「売上が○％伸びた」といったぐらいの分析はしていても，経営指標を用いた経営分析を行っている会社は意外に多くないね。このあたりは税務当局も注目するところだから，会計事務所がサポートすべき分野だね。

(1)　経営分析を行っている会社は多くない？

　「**90** 予算作成をサポートする」では，小規模企業の予算作成の実施状況について説明しました。

　予算については，小規模企業では作成していないケースが多いものの，従業員が数十人から100人規模の中小企業であれば，一般的には作成しています。

　しかしながら，経営指標を用いた経営分析となると，このあたりの規模の中小企業も，詳細に行っていないところが多く見られます。具体的には，売上や純利益が前事業年度よりも○百万円増加した，○％上昇したといった比較分析はしていても，たとえば，売上債権回転期間や在庫回転期間といった指標を用いた経営分析は行われていません。

　その理由として，まず経営指標の存在を知らないということが挙げられます。売上総利益率や経常利益率あたりは理解していても，回転期間となると「知らない」という人が多くなってきます。また，経営者は「まず売上ありき」と売上高重視の経営を行っていたり，税金重視の税務会計が行われていたりするため，経営分析に関心が薄くなるということも考えられます。

(2)　税務上の異常点の発見につながる

　当然のことながら，ここでも「なんで経営分析を行っていないのですか⁉」と疑問を呈してはなりません。会計事務所としては，経営分析の必要性を説明し，そのサポートをすることが望まれます。

　経営分析は，財務諸表の数値を用いればよいのでそれほど時間はかかりません。税務においても，経営分析を行うことで，会計監査のときのようにクライアントの問題点が発覚することもあります。

　たとえば，当事業年度になって在庫回転期間が急に短くなっているという場合，もちろん売上が好調ということもあれば，調べてみたら在庫の一部が未計上になっていたということもありえます。在庫の一部が未計上であれば売上原価がその分過大になっていますから，法人税法上の所得の金額の計算にも影響が出てきます。

　このように，経営分析を行うことで，経営の改善に役立つだけでなく，税務上の異常点を早期に発見し，適切な申告や納税に役立つこともあります。

(3)　税務当局も見ている⁉

　こういった経営分析については，どのようにしているのかはわかりませんが，税務当局も何らかの形で行っていると推測されます。

　そのため，経営指標に異常値が出ているときは，会計監査と同じく，税務当局側もそこに注目する可能性が高くなりますから，あらかじめ原因の分析を行う必要があります。

　「54 法人事業概況説明書は手を抜かずに作る」で説明したように，経営指標に変動がある場合は，法人事業概況説明書の「当期の営業成績の概要」欄に，営業成績の増減理由などを書いておくと事前説明になります。この欄のスペースが足りない場合は，別紙を作成しても問題はありません。

　経営分析が税務リスクの減少にも役立つことを説明して，最終的には会社自身で行える体制を構築できるように指導するとよいでしょう。

㉞ 金融機関対応を依頼されることがある

甲斐　税務のクライアントは赤字の会社がとても多いです。金融機関から融資を受けないと資金が回らないところばかりで悩んでいます……。

瀬井　税務のクライアントは，法人だと中小企業が多くなるからね。中小企業で資金繰りが順調なところは少ないよ。税務では，金融機関との対応を求められることもあるよ。

(1) 公認会計士は経営悪化企業を見たことがない!?

　大手監査法人の場合，営業損失を計上しているような上場会社とは，ほぼ契約していないと思います。

　私が知っている範囲でいうと，監査基準が改定され，継続企業の前提に基づいて経営者が財務諸表を作成することが適切であるかどうかを監査人が検討することが義務付けられた2003年3月期頃から，大手監査法人は，営業損失が発生している，あるいは発生しそうな上場企業との監査契約を次々と解除し始めました。

　理由はいろいろと考えられますが，このような会社の監査を行うと，監査人による検討に時間とコストがかなりかかりますし，また，継続企業の前提に係る注記を記載しなかった会社が破綻した場合，監査法人が何らかの責任（たとえば，なぜ会社は注記を記載していなかったのに無限定適正意見を出したのかなど）を問われるリスクがあるからです。

　そのため，大手監査法人に勤務していた公認会計士の多くは，経営が悪化している株式会社を見たことがないと思います。しかし，税務のクライアントとなる中小企業の多くは，経営がラクではないので，その実態をあらかじめ知っておく必要があります。

(2)　月次の試算表と融資

　独立開業して，経営も資金繰りも順調なクライアントをすぐに獲得できればよいですが，わが国の中小企業で資金繰りに問題はないという会社はかなり少ないと推測されます。すなわち，多くの中小企業は，金融機関からの融資により運転資金を調達しないと資金が回らないのです。

　中でも，家族数名で経営しているような小規模企業だと，資金繰り表も作成していないところが多くなります。なぜかと言うと，少人数のため会社の業務で手一杯で，経営管理まで手が回らないからです。

　資金繰り表を作成していない会社だと，運転資金の調達も無計画になることがあります。

　たとえば，このままでは買掛金を支払えない，家賃や水道光熱費の支払いが厳しい，給与や社会保険料の支払い・納付も危ない，融資を受けないとヤバいとなったときに，突然，「すぐに銀行から融資を受けたい。早く直近の試算表を作成してほしい」と言われるといった具合です。

　金融機関が運転資金を融資するときには，直近の試算表の提出を求めることが多くなります。そのため，特に記帳代行を行っている場合は，毎月の試算表をすぐに作成できるようにしておく必要があります。

(3)　金融機関対応を求められることもある

　クライアントによっては，金融機関との対応も会計事務所に依頼するところがあります。このような業務についても，引き受けるのかどうか，また，月額報酬に含むのか別料金にするのか等を契約時にはっきりさせておく必要があります。

　独立開業した公認会計士には，金融機関との折衝を会計事務所が行う場合もあるということを知らない方もいるので，契約してから突然，「先生，融資の交渉のサポートもお願いします」と言われても驚かないようにしておきましょう。

⑬ 報酬の不払いに備える

甲斐　請求書を出しているのにクライアントから入金されなくなりました。これは困りました……。

瀬井　監査法人のクライアントと違って，税務のクライアントの資金状況はさまざまだからね。契約時に与信調査を行うことも大事だよ。

⑴　税務クライアントの資金繰り状況

　監査法人時代のクライアント，特に大手監査法人のクライアントはおおむね優良企業なので，監査報酬の支払いが滞ることは滅多にないと思います。ましてや，貸倒れになることはほぼないでしょう。

　しかしながら，「**87** 顧問先は監査クライアントとは全く違う」で説明したように，税務のクライアントの多くは，金融機関からの借入れがないと，資金が回らないところがほとんどです。

　そのため，「経営状況が芳しくないので，来月から月額報酬を値下げしてほしい」という要望が突然出てくることは珍しくありません。

　値下げしても毎月支払ってくれるならまだよいほうで，それどころか，報酬が支払われなくなることもあります。このときも，「経営がこういう状況だから，申し訳ございませんが入金を待っていただけないでしょうか」と言ってくれればよいのですが，私が聞いた話の中には，契約してから数ヶ月は入金があったのに，突然入金されなくなったというケースもありました。

⑵　与信調査を行う

　このように，監査法人時代と異なり，税務では報酬が未払いになることは決して珍しくありません。

　これをできる限り防止するには，まず契約前に与信調査を行うことです。開業当初は，契約の話があるとうれしくなって飛びついてしまうかもしれませんが，まずは過去の決算書や確定申告書などを見せてもらうべきです。公認会計士であれば，それらを見れば財政状態はわかるでしょう。

　また，報酬基準を提示することも重要です。報酬基準に基づいた見積りを提示すれば，通常は，資金繰りがよくないところは「ちょっと高いな……」と思って引いていきます。

(3)　口座振替の導入

　報酬の未払いを防止するためには，「*79 請求書の源泉所得税を間違えない*」でも紹介した口座振替を導入するのが最もよい方法です。口座振替であれば，口座残高が不足していなければ確実に入金を見込めます。

　なお，スポット契約の場合は，着手金として一部を前払いしてもらう契約にすることも考えられます。

(4)　切るか続けるか

　昔の話ですが，勤務していた事務所のクライアントの中に報酬が長期間未払いのところがありました。そこで，上司に，「業務を続けるのはやめていいんじゃないですか」と言ったところ，苦笑いしながら「それはアカンやろ」と言われました。おそらく，紹介により契約したクライアントなので，無下にできなかったのだと思います。

　紹介で契約したクライアントは，報酬が未払いであっても契約を切りにくいのは事実です。しかし，そのままでは働き損になってしまいます。

　独立開業にあたっては，紹介によるクライアントも含めて，報酬の未払いが発生したときに，切るか続けるか，どちらにするのかを方針として決めておくとよいでしょう。また，契約において，未払いになった場合の処置を明らかにしておくことも考えられます。

　所長になると腹をくくる場面はたくさん出てきます。心しておきましょう。

(94) 知らない分野は詳しい税理士を紹介する

> 🧑 最近，非営利法人から税務顧問契約の依頼がくることが多くなって
> 甲斐 います。引き受けるべきかどうか迷っています……。
>
> 🧑 うーん，引き受けることについて否定はしないけど，非営利法人の
> 瀬井 税務は特殊だからね。未経験で引き受けるとリスクがあるので注意
> するほうがいいよ。

(1) 知らない分野でも対応できるのが公認会計士!?

　会計監査のクライアントの業種は多種多様です。メーカー，小売業，サービス業，金融……とさまざまな産業分野があり，メーカーといっても自動車，航空機，機械製造……とさまざまです。

　監査法人では，金融を除き，監査に携わる公認会計士は，多種多様な業種の会計監査を行う機会があります。その結果，多種多様な経験を積むことができます。産業分野や業種が異なる場合，もちろん，それぞれ特有の会計処理はありますが，原点となる会計理論は同じなので，公認会計士はその分野の会計を次第に理解し，クライアントともコミュニケーションをとれるようになります。

　そのためか，公認会計士には未知の分野でも積極的にチャレンジする方が多い感じがします。

(2) 会計は何とかなっても税務はリスクあり

　もちろん，未知の分野に積極的にチャレンジすることはよいことですが，税務について未知の分野に経験なしでチャレンジすることにはリスクがあります。

　会計の場合は，業種が異なっても基本となる会計理論は同じなので，株式会社であっても，非営利法人であっても，一部に特殊な会計処理や独自の会計制度があるものの対応は可能です。しかし，税務になると，特殊な制度が多く，理論では対応できなくなることが多くなります。

　たとえば，非営利法人の消費税では，特定収入に係る仕入税額控除の特例や非課税売上げの判定など特殊な論点が多くなってきます。

　会計監査のときのような感覚で，「大丈夫だろう」，「何とかなるだろう」と思って安易に引き受けると，いろいろなリスクが潜んでいるので留意が必要です。

(3)　詳しくない分野の業務依頼を受けたら

　契約を締結する場合は，業務を行った場合に想定されるリスクやその軽減方法などについて検討する必要があります。大手監査法人では，業務契約にあたっては，種々の検討を行っていると思いますが，これが自分の契約になると，忘れてしまいがちです。特に，独立開業後，業務依頼が少ない時期に契約の話がくると，「これを断ったら，次はいつくるかわからないし……」，「せっかく依頼いただいたのだから……」と飛びついてしまう方もいるかもしれません。

　もし税務について詳しくない分野や経験のない分野の業務依頼を受けた場合は，信頼できる他の詳しい公認会計士や税理士を紹介するというのも1つの方法です。

　私の経験では，あるアメリカ人から日本国内の所得税の申告に加えてアメリカ国内の法人の税務申告のご依頼を受けたことがありました。しかし，私はUSCPAの資格を持っていないので米国の税務申告はできません。そこで，知り合いのUSCPAを保有する公認会計士を紹介したことがありました。

　こうすると，依頼をした側も安心しますし，また，見返りを求めるわけではありませんが，紹介した知り合いから，別の業務を紹介してもらえることがあるかもしれません。

95 無茶振りには乗らない

甲斐「金融機関から融資を受けたいので黒字の試算表を作成してほしい」という依頼がありました。こういう依頼は困ります……。

瀬井 会計でも税務でも不正に手を貸しては絶対にダメだよ。税理士法では「助言義務」も定められているんだ。こちらの助言に従ってもらえないのであれば，顧問契約の解除を検討すべきだね。

(1) 非常識な依頼をしてくるクライアントもいる

　税務では，税理士は何でも頼みを聞いてくれるものとはきちがえ，非常識な依頼をしてくるクライアントが時々出てきます。

　上場企業の中にも，残念ながら虚偽の財務諸表を作成したため処分を受けた会社がありますが，近年はガバナンスの強化に取り組んでいるため，おかしなことをする可能性は，以前よりは低くなってきていると思います。

　しかしながら，税務のクライアントになると，コンプライアンス意識が低い人がいることがあるので十分注意する必要があります。

　たとえば，資金繰りが苦しい会社が「金融機関から融資を受けたい。現在の赤字の試算表だとお金を貸してもらえないから，試算表は黒字にして作成してほしい。でも，決算も黒字だと税金を払わないといけないから，決算書は赤字にしてほしい」ということを言ってくる可能性もあります。

　しかし，このような依頼は絶対に引き受けてはいけません。もちろん，脱税相談等に応じるなどもってのほかです。

(2) 税理士法に基づく助言義務

　当然のことながら，税務であっても虚偽の決算書や試算表を作成すること

は禁止です。

　クライアントの決算書や試算表は，金融機関が融資を行うときや，保証協会などの保証人が保証するときの判断資料となるものです。特に，税理士が作成した決算書や試算表は，信頼性が高いものとなります。

　そのため，その決算書や試算表に虚偽表示があった場合には，これを信じて融資や保証を行った金融機関や保証人から損害賠償請求を受けることにもなりかねません。

　また，税理士は，税理士業務を行うにあたって，隠蔽や仮装の事実があることを知ったときは，直ちに，その是正をするよう助言しなければなりません（法41条の３）。税理士にはこの助言義務があります。脱税や脱税まがいの相談を受けた場合は，監査のときのように，まず不正等の是正をするよう助言する必要があるのです。

　もし，脱税相談等に応じてしまったら，税理士法36条に定める脱税相談等の禁止に抵触し，懲戒処分（法45条）や罰則（法58条）が課される可能性があります。

(3)　契約解除の検討も

　「*100* 寄り添っても独立性を保つ」でも触れますが，「監査と違って，税務はクライアントに寄り添うことができる業務なので，税務をやりたい」という公認会計士を時々見かけます。

　しかし，クライアントの要望を何でも聞くのが税務ではありません。税務においても不正を防止する必要があります。非常識な依頼をされた場合は，まずその是正をするよう助言し，それでも応じない場合は，契約の解除を検討しましょう。

　このとき，契約を解除すると収入が減ってしまう恐怖感から，契約解除をためらうことのないよう，普段から一部のクライアントの報酬に依存しないようにしておく必要があります。この点は，監査法人の報酬依存度と同じように，税理士においても独立性を保つために重要な事項なのです。

(96) 手を出してはいけない業務を弁える

> 🧑 最近，新規の見込み客から「会計・税務に加えて，弊社の現金と預
> 甲斐 金の管理もやっていただきたい」という依頼がありました。危険な
> 感じがしたので，回答を保留しています。
>
> 🧑 それは要注意だね。現金等の管理・処分となると犯罪収益移転防止
> 瀬井 法の適用の可能性が出てくるし，公認会計士は倫理規則で原則とし
> て，依頼人の金銭等を保管してはならないとされているからね。

(1) 独立開業してから仕事が少ないとき

　独立開業する公認会計士は，独立開業後に，大手や中小の監査法人で非常
勤として勤務する方が多いと思います。そのため，公認会計士は，経済面で
は比較的恵まれていると思いますが，監査業界は，十数年のスパンで好景気
と不景気を繰り返すという特徴があります。

　もし，独立開業してから仕事が少ない状態が続くと，新規の仕事に飛びつ
いてしまうかもしれません。しかし，そのようなときも，依頼主の信用レベ
ルや依頼業務のリスクを検討することは必須です。

　よく「依頼された仕事は断るな」という言葉を聞きますが，公認会計士・
税理士は社会の信用を裏切ってはならない職種です。何でもかんでも引き受
けると重い十字架を背負うことにもなりかねません。

(2) 手を出してはいけない業務の例～マネロンは要注意

　以下では，資金繰りが苦しくても絶対に手を出してはいけない業務の例を
紹介します。

　まず，前項のとおり，脱税相談等（脱税指南も含みます），粉飾決算が挙

げられます。これら以外では，以下の２つが挙げられます。

①　補助金等の不正受給

　補助金や助成金等の不正受給に関わって税理士が逮捕されたというニュースが時々流れますが，このような不正受給にも絶対関わってはいけません。うまい具合に利用されるリスクがあるので注意が必要です。

②　マネー・ローンダリング

　マネー・ローンダリングとは，一般に，犯罪によって得た収益を，その出所や真の所有者がわからないようにして，捜査機関等による収益の発見や検挙等を逃れようとする行為をいいます。

　脱税相談等，粉飾決算，補助金等の不正受給は，自分にモラルがあれば手を出すことはない行為ですが，マネー・ローンダリングは，気づかずに巻き込まれるリスクがあります。

　日税連の「税理士のためのマネー・ローンダリング等対策」というリーフレットによると，クライアントが犯罪で得た収入について，その事実を隠したまま，会計専門家に決算書を作成してもらうことにより取引の正当化を図ったケースが報告されているということです。

　「犯罪による収益の移転防止に関する法律」により，公認会計士や税理士といった士業は，特定の業務について顧客の本人確認，本人確認記録の作成・保存，取引記録の作成・保存の義務が課せられています。対象となる業務には，(イ)宅地または建物の売買に関する行為または手続に係る取引，(ロ)会社等の設立または合併等に関する行為または手続に係る取引，(ハ)200万円を超える現金，預金，有価証券その他の財産の管理または処分に係る取引などが含まれます。

　このうち，(イ)と(ハ)は，手を出してはいけない業務というものではなく，税理士業務を行っていれば，関わる機会が出てくる業務です。しかしながら，これらの業務を行うときは，本人確認等を行う義務があります。本人確認記録等の様式は日税連のホームページ内に掲載されていますので，事務所内でマネー・ローンダリングやテロ資金供与に関する対策を備えておきましょう。

97 「すべてお任せいたします」はあぶない

> 甲斐　見込み客の社長から「先生にすべてお任せしたい」と言われました。信頼されているんだなと思いました！
>
> 瀬井　いやいや，その言葉が出てくるときは要注意だよ。まず，その言葉に慢心してしまうリスクがある。それと，責任の範囲があいまいになって，本来クライアント側の問題なのに君のせいにされるリスクもあるよ。

(1)　信頼されているように感じるものの……

　会計監査においては，「監査基準」第二 2 において，精神的独立性と外観的独立性が要求されています。

　そのため，通常，監査法人では，クライアントとの会食などは制限されていて，クライアントと業務以外の機会においてコミュニケーションをとる機会は非常に少なくなっています。その結果，クライアントと公認会計士との関係は，あくまでビジネス上だけのつながりとなる傾向が強くなっています。

　一方，税務になると，時々クライアントや見込み客から「先生にすべてお任せしたい」と言われることがあります。このような言葉を聞くと「自分は信頼されているんだな」と思ってしまいがちです。

　しかしながら，この「すべてお任せしたい」という言葉が出てきたときは注意が必要です。

(2)　税理士業務は代理に基づく

　「100の提案」では，「36.「全部先生にお任せしています」は注意信号」というタイトルで，税理士による顧客管理の注意点が示されています。

　ここでは，税理士の業務は，あくまで代理に基づくものであることを理解することの重要性が記載されています。すべて一任となってしまった場合，税理士側に気の緩みが出るおそれがあり，指導や助言を忘れてしまうリスクがあります。

　税理士業務では，常にクライアントに対して指導・助言・説明・情報提供を行い，クライアントに理解していただくことを通じて信頼関係を築くことが重要なのです。

(3)　責任の範囲が不明確になるリスク

　もう1つ注意すべきは，一任となってしまうと責任の範囲が不明確になるリスクがあるという点です。

　たとえば，納税義務や申告義務があるのは，あくまでクライアント側です。このことも，クライアントに認識していただく必要があります。しかし，「先生にすべてお任せしたい」と言われた場合，このような納税義務や申告義務がクライアント側にあることが認識されていないおそれがあります。その結果，本来，クライアント側の責任であるにもかかわらず，税理士の責任にされるというリスクも想定されます。

　責任の範囲を明確にするためには，「77 契約書は必ず取り交わす」でも説明したように，契約書を作成し責任範囲を明記しておくことが，まず重要です。

　もし一任となってしまうと，何らかのトラブルが生じた場合に，税理士業務に関係のないことでも税理士の責任にされてしまうおそれがあります。そうなると，クライアントとの争いに発展しかねず，時間と費用の空費につながってしまうかもしれません。

　「先生にすべてお任せしたい」と言われたら，契約前に責任範囲を明確にしておくことが望まれます。信頼されているように感じてしまいますが，何かあったときにはトラブルになるリスクをはらんでいることを肝に銘じておきましょう。

98 「それは私の仕事ではありません」は禁句

甲斐 クライアントから会計や税務以外の質問がくることがあります。契約外の業務の質問はどのように対処すればいいのでしょうか？

瀬井 無下に断ると印象が悪くなるからね。なるべく対応するほうがいいかな。ただ，こちらの責任にされるおそれもあるからバランスが大事だね。

(1) 無下に断ると……

会計監査を行ってきた公認会計士は，二重責任の原則を徹底して遵守してきたため，クライアントからの質問に対する回答に慎重となる傾向があります。

しかし，税務に携わると，会計や税務以外の質問や相談を受けることもあります。そのようなとき，監査法人時代の感覚で「それは会計事務所の仕事ではありません」，「そんなこと，そちらで解決してください」と突き放してしまうと，印象が悪くなりますし，クライアントからの信頼を失うおそれがあります。

もちろん，「**95** 無茶振りには乗らない」で説明したように，あまりに非常識な相談や要望には対応してはいけません。

(2) 会計や税務以外の質問を受けたら

会計や税務以外の質問や相談が出てくるのは，信頼されている証でもあります。そのようなときは，無下に断らず，応対するとよいでしょう。

ただし，深入りしたり，何でも引き受けたりすると，コスト割れしたり，場合によっては責任転嫁されるリスクがあるので，この点は十分注意しま

しょう。

　責任転嫁されるリスクがあるのは，クライアントの担当者が，自分の考えにお墨付きをもらいたいために質問や相談をしてくるときです。会計監査においても，そのような場面に遭遇した方がいるかもしれません。そのようなときは，慎重に対応する必要があります。

(3)　対応すべき分野と対応すべきでない分野

　ここでは，私見となりますが，会計や税務以外の質問や相談を受けたときに，対応すべき分野と対応すべきでない分野を説明したいと思います。

	具体例	考え方
会計・税務に近い分野	・会社法に関する相談（機関運営など） ・管理会計に関する相談（原価管理など） ・ITに関する相談　など	公認会計士であれば対応可能なので相談に乗る。
会計・税務ではない分野	・著作権法など自分の専門分野外の法令に関する相談 ・会計ソフトの使い方の相談　など	「個人的な見解になりますが」と言って一応回答するか，「専門の方に聞いてください」と断るか。これは自分の方針として決めておく。
全く個人的な分野	・従業員や家族に対する不満といった業務に関係のない個人的な相談　など	このような相談に乗ると会社や家庭のトラブルに巻き込まれるおそれがある。最悪の場合，契約を解除されるおそれもある。したがって，相談には乗らないのがよい。

　時々，会計ソフトの使い方について質問してくるクライアントがありますが，「こちらの仕事ではありませんから」と言うよりは，通常，会計ソフト会社にはサポートセンターがあるので，「サポートセンターにおたずねいただくほうが正確だと思いますよ」といったように話すとよいでしょう。このようなときは伝え方が大事です。

(99) 業務範囲の見解の相違を生まない

甲斐　年末になって「担当者が退職することになったので，年末調整，法定調書の作成もやってほしい」と言われました。急に言われても困ります……。

瀬井　たしかにそれは困るね。小規模なクライアントだと，急に業務を依頼してくることがあるから，事前に対策を考えておくほうがいいよ。

(1) クライアントとの距離が縮まると

　会計監査は，行うべきことが定まっているので，クライアントから他の業務を依頼されることはありませんし，仮に何か依頼されても二重責任の原則がありますから，監査法人側は引き受けることはありません。

　しかしながら，税務では，クライアントが契約内容以外の業務を依頼してくることがあります。このような場合，同じ月額料金で何でもかんでも引き受けてしまうとコスト割れしてしまいます。

　契約内容以外の業務を依頼してくるのは，小規模なクライアントや個人事業者が多いように思います。このあたりのクライアントは，お互いの人間関係の距離感が近くなり親近性は高まるものの，逆にそれゆえ，親しい知人のごとく，「これもやってほしい，あれもやってほしい」と言ってくるケースもあります。

　会計監査は独立性遵守のためクライアントとは距離を置く必要がありますが，それが性格的に合わないという公認会計士もいます。そのため，独立開業する公認会計士の中には，「自分はクライアントのために距離を縮めて寄り添っていきたい」という方もいます。

　もちろん，それ自体に問題はありませんが，税務のクライアントは距離を

縮めると，何でもかんでも依頼してくる場合もあるという感覚がない公認会計士にとって，これは，意外な落とし穴といえます。

(2)　事前対策

事前の対策としては，繰り返しになりますが，まず契約書に業務内容を明記することです。このとき，「77 契約書は必ず取り交わす」で説明したように，絶対に「その他，上記に付随する一切の業務」と記載しないようにしてください。この記載があると，同じ報酬額で業務を追加されてしまいます。会計事務所によっては，業務内容を明記した上で，その他の業務についてはすべて追加報酬をいただくとしているところもあります。

また，事前に，事務所として行っている業務と行っていない業務を明確に伝えておくという方法も考えられます。

(3)　相互の認識に相違がないように

契約の範囲内か範囲外かという論点には，もう1つ重要なことがあります。それは，会計事務所とクライアントとの間に業務範囲について認識の相違がないようにすることです。

実務では，クライアント側は会計事務所が行う業務だと思っていたのに，会計事務所側はそう思っていなかったという認識のズレにより，トラブルになることがあります。

たとえば，会計事務所側は，償却資産税の申告はクライアント側が行うと思っていたのに，クライアント側は会計事務所が行ってくれるものだと思っていたため，結局，1月末日までに申告が行われず，無申告となってしまった，というようなケースです。

このようなことになると大変なトラブルに発展してしまうので，契約の範囲内の業務と範囲外の業務ははっきりとさせておく必要があります。そのためには，契約書を必ず作成し，業務範囲を明記しておくことです。その上で，口頭でも確認しておくことが望まれます。

100 寄り添っても独立性を保つ

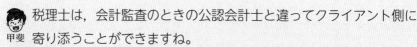

甲斐　税理士は，会計監査のときの公認会計士と違ってクライアント側に寄り添うことができますね。

瀬井　いや，それは誤解だね。税理士も「独立した公正な立場」をとらないとダメなんだよ。税理士法第１条をよく読んでごらん。

(1)　税理士の使命とは

監査法人に勤務しているときは独立性の保持が強く要求されます。そのため，監査クライアントとの交流は業務上のコミュニケーションに限られ，心の距離が縮まる機会はかなり少なくなっています。

公認会計士の中には，このような制度が性格に合わないという方もいます。また，「税務ではクライアント側に立って，寄り添って仕事ができる。だから税務をやりたい」という公認会計士もいます。

しかしながら，税務はクライアント側に立つ業務なのかというと，実は違います。税理士法では，第１条において次のように定められています。

> 税理士は，税務に関する専門家として，独立した公正な立場において，申告納税制度の理念にそつて，納税義務者の信頼にこたえ，租税に関する法令に規定された納税義務の適正な実現を図ることを使命とする。

これは，税理士が，納税義務者の委嘱を受けてその業務を行うに際しては，納税義務者あるいは税務当局のいずれにも偏しない独立した公正な立場を堅持すべきということを示しています（近畿税理士会「Web税理士法」）。

このように，税理士にも独立性が要求されているのです。

⑵　クライアントとの独立性が崩れたときのリスク

　税務においてクライアントとの独立公正な関係性が崩れた場合，やはり，会計監査と同様のことが生じるリスクがあります。

　たとえば，クライアントと過度の高級飲食，過度のゴルフ，過度の贈答があるなど，いわゆるズブズブの関係を想定します。そのような状態になると，クライアントから，「ラスベガスのカジノでの賭け金を経費にしてくれ」，「イタリアへの家族旅行費を経費にしておいてくれ」といったおかしなことを要求されても，それについて，税理士として適正な指導を行いにくくなる可能性があります。

　そのときに，「それはダメですよ」と断っても，「あれだけいい思いをさせてもらって，その返事か？」と言われるかもしれません。

　もちろん，監査法人時代のような厳格な制約までは要求されないものの，やはり，クライアントとの独立公正な立場は保持して税務に臨む必要があります。

⑶　クライアント内部での立ち位置

　独立性そのものの話ではありませんが，似たような話として，クライアント内部での立ち位置に関する注意点についても説明してみます。

　税務では，会計監査よりもクライアントの内部に入って業務を行うことになりますが，クライアントの中には，内部で派閥争いをしているところもあります。このようなクライアントで税務を進める過程で，どちらか一方についてしまうと，派閥抗争の末，対立派の派閥が社内の主導権を握ったときに，会計事務所も契約を解除されてしまう可能性があります。

　このような事例は，私の担当ではありませんでしたが，以前の職場で実際にありました。

　クライアント内部での立ち位置は難しい問題ですが，派閥争いに巻き込まれないように，心の距離を保つというスタンスが重要なのです。

 **Column** |

依頼がきたら「まずは落ち着いて」

　監査法人時代は，通常はパートナーでないと契約に携わる機会はないと思います。しかし，独立開業すると，自分でクライアントと契約を締結することになります。初めて業務依頼がきたときは，うれしい反面，どうすればよいか混乱してしまうかもしれません。

　しかし，これも契約交渉の経験を積めば，見込み客にどのようなニーズがあるのか，それに対して，具体的にこちらがどのような業務を行えばよいのかということがつかめるようになってきます。

　独立開業後，業務依頼がきたときは，慌てて契約しないということが重要です。早く契約したいという気持ちが先走りますが，舞い上がって慌てて契約してしまうと，場合によっては自分に不利な契約になってしまうこともあります。

　業務依頼の話がきたときは「まずは落ち着いて」という心構えでいきましょう。

おわりに

　多くの公認会計士にとって独立開業は目標の1つです。そして，独立開業した公認会計士の多くは，税理士登録をして税務を行います。しかし，税務は落とし穴がいたるところにある恐ろしい業務です。

　税務では大きなミスはもちろん，小さなミスも絶対にしてはなりません。本書では，初めて税務を行うにあたってミスをしないよう，実務において間違いやすい点や勘違いしやすい点について，国税庁，日本税理士会連合会，近畿税理士会の資料，さらには自らの経験や同業者から聞いた話などをもとに，実践性を重視して紹介しました。

　また，本書は，独立開業を目指す公認会計士を対象としていますが，これから公認会計士や税理士を目指す方々にとっても，本書により独立開業後のイメージや税務の現場のイメージをつかむことで，受験勉強のモチベーション向上につながりましたら幸いです。

　本書の執筆につきましては，企画していただいた株式会社中央経済社の川上哲也氏には感謝を申し上げます。そして，これまで実務でご教示いただいた公認会計士，税理士の方々，刊行に尽力して下さった株式会社中央経済社の方々に感謝を申し上げます。

　本書を執筆している2023年春は，新型コロナウイルス感染症がまん延する前の日常が戻りつつあります。今後，このまま社会や経済が正常な状態に戻ることを願っております。

　最後になりましたが，本書が皆様の日々の実務に役立ちましたら幸いです。

2023年5月1日
京都リサーチパークにて
公認会計士・税理士　　森　　智幸

参 考 文 献

【日本税理士会連合会の資料】

『税理士の専門家責任を実現するための100の提案改訂版』（会員限定，2021年7月
最終更新）

『税理士界』（会報誌，会員限定）

『名義貸し行為の指標（メルクマール）について』（会員限定，2017年1月26日）

【近畿税理士会の資料】

『税理士業務必携』（会員限定）

『綱紀のしおり』（会員限定）

『近畿税理士界』（会報誌，会員限定）

『税理士登録申請の手引き』（2023年5月改訂版）

【一般書籍・雑誌】

北川知明『小さな会社の経理・人事・総務がぜんぶ自分でできる本』（ソシム，
2017年）

白井一馬『税理士はいかにミスと向き合うべきか』（清文社，2022年）

髙井重憲編著『知らなかったでは済まされない！ 税理士事務所の集客・営業活
動をめぐる法的トラブルQ&A』（第一法規，2020年）

日本公認会計士協会京滋会編著『現場で使える「会計上の見積り」の実務』（清文
社，2022年）

拙稿「独立1年目の教訓　開業直後にコロナ禍で事業環境が一変　デジタルマー
ケティングでカラーを出す」『税務弘報』70巻9号（2022年）

拙稿「税理士の顧問センス　会計士の視点　「公認会計士・税理士」のための5つ
のポイント」『税務弘報』69巻8号（2021年）

拙稿「絶対に見落としてはいけない　他事務所からの顧問先引継ぎの鉄則　税理
士に対するリスペクトの有無を見極める」『税務弘報』68巻5号（2020年）

【著者略歴】

森　智幸（もり　ともゆき）

公認会計士・税理士

慶應義塾大学商学部卒業。神戸の会計事務所，大阪の監査法人を経て，京都の総合経営グループに入社。当グループ在籍時に平安監査法人を設立し代表社員に就任。2019年9月に独立し，森 智幸公認会計士・税理士事務所を開業。ガバナンス強化支援，公益法人コンサルティングなどの業務を行う。同年よりPwCあらた有限責任監査法人に所属。国内外の内部統制や内部監査の支援などガバナンスに関するアドバイザリー業務や財務諸表監査を行う。

〈主な執筆〉

『「社会福祉充実計画」の作成ガイド』（中央経済社，平安監査法人編，共著）2017年3月
『現場で使える「会計上の見積り」の実務』（清文社，日本公認会計士協会京滋会編，共
　　著）2022年4月
『税務弘報』（中央経済社），『税経通信』（税務経理協会），『企業実務』（日本実業出版社）
　　など雑誌への寄稿多数

〈主な役員・委員歴〉

一般社団法人研友会監事
近畿税理士会研修部員（第3小委員会所属（消費税・地方税担当））
日本公認会計士協会京滋会出版委員会委員，会報部員など

〈ホームページ〉

https://www.mori-cpaoffice.com/

独立する公認会計士のための税理士実務100の心得

2023年9月15日　第1版第1刷発行

著　者　森　　　智　幸

発行者　山　本　　　継

発行所　㈱中央経済社

発売元　㈱中央経済グループ
　　　　パブリッシング

〒101-0051　東京都千代田区神田神保町1-35
電話　03 (3293) 3371 (編集代表)
　　　03 (3293) 3381 (営業代表)
https://www.chuokeizai.co.jp

印刷／東光整版印刷㈱
製本／㈲井上製本所

© 2023
Printed in Japan

＊頁の「欠落」や「順序違い」などがありましたらお取り替えいた
しますので発売元までご送付ください。(送料小社負担)
ISBN978-4-502-47171-1　C3034

JCOPY〈出版者著作権管理機構委託出版物〉本書を無断で複写複製（コピー）することは，
著作権法上の例外を除き，禁じられています。本書をコピーされる場合は事前に出版者著
作権管理機構（JCOPY）の許諾を受けてください。
　JCOPY〈https://www.jcopy.or.jp　eメール：info@jcopy.or.jp〉